¿Español?
¡Por supuesto!
Cuaderno de ejercicios

4
B1

Rebeca Martínez

Usa este código para acceder al
LIBRO DIGITAL
y al
BANCO DE RECURSOS
disponibles en

Ẽ digital
ELE

www.anayaeledigital.es

edelsa

Índice

Ejercicios

Transcripciones (del libro de clase)

Misterios sin resolver

Lección 1

1 Relaciona cada foto con uno de los siguientes sentimientos y con el comentario adecuado.

miedo • sorpresa • tranquilidad • estrés

1. .... ☐   2. .... ☐   3. .... ☐   4. .... ☐

a. La semana que viene tengo tres exámenes: el lunes, de Ciencias; el miércoles, de Lengua, y el jueves, de Historia.

b. El sábado pasado estuve en el parque de atracciones con mis amigos y visitamos la casa del terror.

c. Este fin de semana voy a ir con mi familia a una casa rural en la sierra de Guadarrama.

d. Mañana es el cumpleaños de Sonia. Ella no lo sabe, pero le hemos preparado una fiesta sorpresa.

2 Observa las imágenes y escribe una reacción para cada una de ellas. Puede haber varias opciones.

¡Qué bonito! • ¡Qué triste! • ¡Vaya miedo! • ¡Qué maravilla! • ¡Qué tranquilidad! • ¡Vaya sorpresa!

1. ....   2. ....   3. ....

4. ....

5. ....

6. ....

3 Completa la siguiente conversación con las palabras y expresiones que faltan.

> calma ● cruzar los dedos ● tensión ● ¡Qué nervios! ● toco madera ● terror ● ¡Qué miedo!

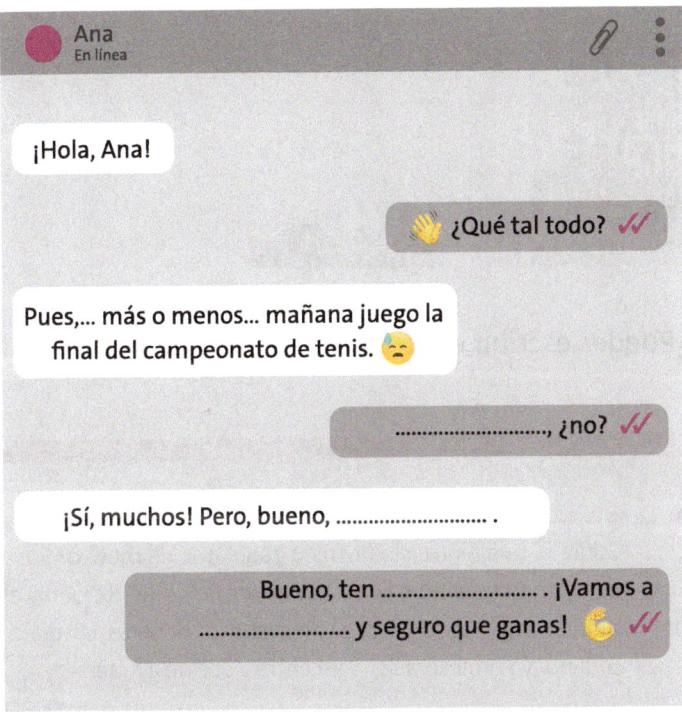

Ana
En línea

¡Hola, Ana!

👋 ¿Qué tal todo? ✔✔

Pues,... más o menos... mañana juego la final del campeonato de tenis. 😓

........................., ¿no? ✔✔

¡Sí, muchos! Pero, bueno, ...

Bueno, ten .... ¡Vamos a .... y seguro que ganas! 🤞 ✔✔

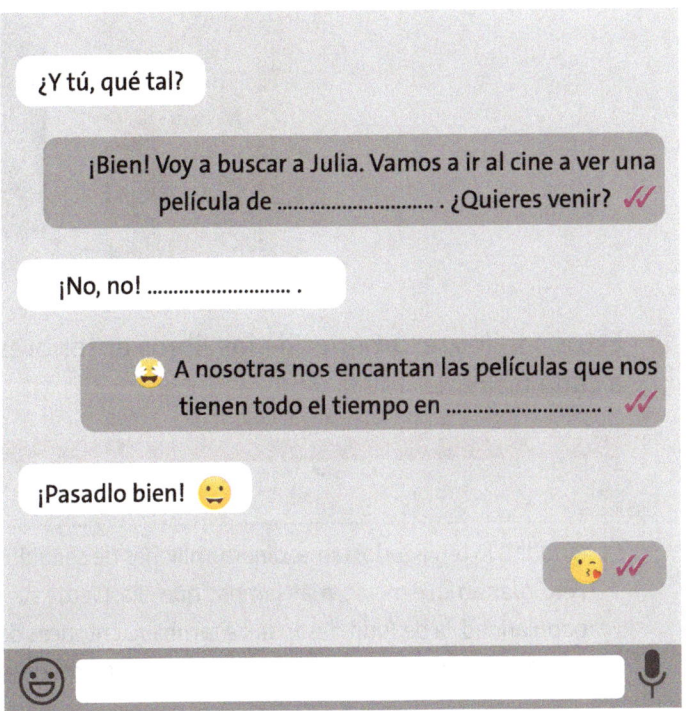

¿Y tú, qué tal?

¡Bien! Voy a buscar a Julia. Vamos a ir al cine a ver una película de .... ¿Quieres venir? ✔✔

¡No, no! ....

😰 A nosotras nos encantan las películas que nos tienen todo el tiempo en .... ✔✔

¡Pasadlo bien! 😀

😘 ✔✔

4 Relaciona cada término con su definición.

1. Red social
2. *Post*
3. Muro
4. Subir
5. Etiqueta

a. Entrada o artículo que se publica en una red social.
b. Publicar fotos o archivos en Internet.
c. Nombre con el que se identifica a una persona o un tema en un *post*.
d. Espacio de una red social en el que se publican *posts*.
e. Página web donde las personas crean una comunidad virtual de amigos.

5 Observa las cubiertas de estos libros. ¿A qué género crees que pertenecen? Relaciona cada una de ellas con un tema.

> **1.** ciencia ficción   **2.** misterio   **3.** romántico   **4.** historia   **5.** temas sociales   **6.** poesía

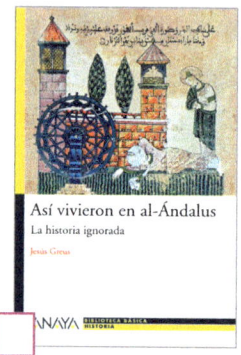
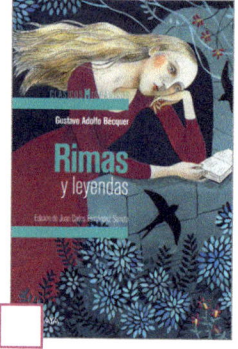

6 Estos son los resúmenes de los libros anteriores. ¿Puedes escribir el título que corresponde a cada uno?

....

@JuditB lo tenía todo: fama, dinero, millones de seguidores. Pero cuando su exnovio, más famoso que ella, pierde su popularidad, la de Judit desaparece también. Entonces decide mudarse a París y construirse una nueva imagen desde allí.

....

Sonia es una niña callada, triste y solitaria. ¿El motivo? Sus compañeros siempre la molestan por ser diferente. Sonia es albina; Lola incluso la obliga a hacerle los deberes. Un día, una nueva profesora llega al centro y decide ayudarla.

....

Álex y Olga viven en un edificio donde todos los vecinos han sufrido pequeños «incidentes» que han cambiado sus destinos. Cuando deciden investigar, todas las pistas los llevan al entresuelo del edificio, un lugar inexistente en el panel de botones del ascensor.

....

El agente Cusak del departamento de Asuntos Mágicos y el inspector Lindbergh investigan los asesinatos de tres adolescentes a los que se les ha arrancado el corazón. El agente Cusak sospecha que el asesino es un mago.

....

Con esta obra comienza la poesía contemporánea en la literatura española. Su lectura seducirá a todos los públicos por la fantasía y el misterio, el amor y el lirismo de los relatos de lo sobrenatural y lo maravilloso de la existencia cotidiana.

....

El período entre el 711 y 1492 es uno de los más ricos y singulares de la historia de España. La cultura andalusí aportó grandes adelantos a la astronomía, la medicina, la filosofía, la agricultura y la jardinería.

Extraído y adaptado de www.anayainfantilyjuvenil.com

Lección 2

1 Describe cada una de estas imágenes con el adjetivo adecuado.

terrorífico ● amenazador ● preocupante ● sorprendente ● emocionante

1. Es .... **2.** Es .... **3.** Es .... **4.** Es .... **5.** Es ....

2 ¿Recuerdas estas expresiones? Clasifícalas en la tabla.

Cruzar los dedos ● Sacar las maletas vacías de casa ● Pasar por debajo de una escalera
● Tocar madera ● Pisar una caca ● Romper un espejo
● Encontrar un trébol de cuatro hojas ● Cruzarse con un gato negro

BUENA SUERTE	MALA SUERTE

3 Conjuga los siguientes verbos en pretérito perfecto simple.

1. Ser, yo	....	**11.** Poder, usted	....
2. Estar, nosotros	....	**12.** Sentir, ellas	....
3. Aparecer, él	....	**13.** Decir, tú	....
4. Asustarse, vosotras	....	**14.** Encender, yo	....
5. Sacar, yo	....	**15.** Volver, ella	....
6. Ver, ellos	....	**16.** Cruzar, vosotros	....
7. Pedir, tú	....	**17.** Intentar, tú	....
8. Ir, él	....	**18.** Pasar, nosotras	....
9. Comenzar, nosotras	....	**19.** Soltar, ustedes	....
10. Tener, nosotros	....	**20.** Estudiar, él	....

4 Escribe el pretérito imperfecto de estas formas de pretérito perfecto simple.

1. Tuve   ....
2. Bajamos   ....
3. Estuvieron   ....
4. Grabaste   ....
5. Llovió   ....
6. Fuisteis (ser)   ....
7. Pararon   ....
8. Sonó   ....
9. Viste   ....
10. Pasamos   ....

11. Dijisteis   ....
12. Estudié   ....
13. Volví   ....
14. Pudimos   ....
15. Sintió   ....
16. Intenté   ....
17. Fuisteis (ir)   ....
18. Hubo   ....
19. Encendiste   ....
20. Aparecieron   ....

5 Escoge la opción correcta en cada caso.

1. Cuando *paseaba/paseé* por el parque, *tropezaba/tropecé* con una piedra y me *caía/caí* al suelo.
2. Todavía *dormíamos/dormimos* cuando el repartidor *traía/trajo* el paquete.
3. La semana pasada *hacía/hizo* un tiempo horrible. *Tenía/Tuve* que venir todos los días al instituto en autobús.
4. *Tenía/tuvo* tanta hambre que no nos *esperaba/esperó* para empezar a cenar.
5. Ya *estaba/estuve* en el aeropuerto cuando me *daba/di* cuenta de que no *llevé/llevaba* la documentación.
6. *Compraba/Compró* tantos libros que al final no *sabía/supo* cuántos *tenía/tuvo*.
7. Al volver de vacaciones la nevera *estaba/estuvo* completamente vacía, así que *llamábamos/llamamos* por teléfono y *pedíamos/pedimos* comida a domicilio.
8. Siempre *escuchaba/escuché* la canción en la radio mientras *volvía/volví* del entrenamiento de fútbol.
9. Le *preocupaban/preocuparon* mucho los problemas sociales. Por eso *participaba/participó* en dos voluntariados al mismo tiempo.
10. De repente, le *preguntaba/preguntó* si *quería/quiso* ir al cine con él. Como no *esperaba/esperó* esa pregunta, no *sabía/supo* qué contestar.

6 Contesta a las preguntas y construye frases, como en el ejemplo.

1. ¿Cuántos años tenías cuando hiciste tu primer viaje?
   Cuando hice mi primer viaje, tenía tres años.
2. ¿Dónde estabas la última vez que te olvidaste de apagar el móvil y sonó?
   ....
3. ¿Con quién estabas cuando te dieron la peor noticia de tu vida?
   ....
4. ¿En qué curso estabas cuando suspendiste por primera vez un examen?
   ....
5. ¿Qué estabas haciendo en alguna ocasión que pasaste mucha vergüenza?
   ....

7 Lee y completa el relato de Carlos con los verbos en el tiempo adecuado.

> volver (x2) ● levantarse ● tener (x2) ● pensar ● limpiar ● ser ● llamar ● oír
> ir (x2) ● acercarse ● quedarse ● despertar ● sonar ● estar ● suceder

Era domingo, una mañana de invierno normal, como tantas otras. Hacía frío y las calles estaban mojadas. Mis padres .... temprano porque mi hermana .... de la universidad y .... que ir a recogerla a la estación de tren. Yo .... en casa porque .... la Semana de la Ciencia en el instituto y .... que terminar mi proyecto de Tecnología.

Eran casi las 9:30 de la mañana. .... en el salón y de repente .... el teléfono. Mientras .... para contestar, ...: «Qué raro, nunca llama nadie a estas horas». Levanté el teléfono, pero nadie respondió. Colgué y, cuando .... hacia el escritorio, ... un ruido en la cocina. .... a ver qué .... La taza del desayuno estaba rota en el suelo. Miré hacia todas partes buscando una explicación. ¿Cómo era posible?

Me agaché a recoger los pedazos y mientras .... el suelo, ... por teléfono de nuevo. Me acerqué otra vez y justo cuando .... a responder, mi hermana me .... Me había quedado dormido y todo había sido un sueño. ¡Qué miedo!

8 Vuelve a leer el texto y marca si las siguientes afirmaciones son verdaderas (V) o falsas (F).

	V	F
1. Los padres de Carlos se fueron temprano de casa.	☐	☐
2. Carlos tenía hecho el trabajo de Tecnología.	☐	☐
3. A las 9:30 en punto sonó el teléfono.	☐	☐
4. Carlos rompió la taza del desayuno.	☐	☐
5. Carlos estaba dormido cuando su hermana llegó a casa.	☐	☐

9 Escribe el nombre que corresponde a cada adjetivo.

1. envidioso ....
2. decepcionante ....
3. maravilloso ....
4. desastroso ....
5. consciente ....
6. honorífico ....
7. científico ....
8. interesante ....
9. horroroso ....
10. pacífico ....
11. alarmante ....
12. ruidoso ....

Lección 3

1 Forma el participio de cada verbo y luego búscalo en la sopa de letras.

1. Abrir ....
2. Escribir ....
3. Ver ....
4. Volver ....
5. Desaparecer ....
6. Estar ....
7. Ser ....
8. Ir ....
9. Cortar ....
10. Meter ....
11. Decir ....
12. Hacer ....
13. Poner ....
14. Levantar ....
15. Poder ....

```
S F U N E A O E S T A D O E V Z
Y A A V A B K U I U E E Y B I B
Z O X X D I N T D V J S E L O P
W D U Q H E M A O B W A W D A V
L I S U O R Y P G W Z P I Y Y U
C E W H W T Y U I D O A L R H E
N W S T F O J E I B Z R R O E L
Z U R Y D T D S O Z F E F Y C T
I O L E V A N T A D O C W J H O
N D G U U N H O P O D I D O O G
O C I A G V I S T O U D Y L R D
U Q E D W T I D T R I O R C V T
Q E K V D E U I E S C R I T O V
C O R T A D O C Z F U J K H C O
C W B A D D A H H B H L B E W A
V U M E T I D O G O Y O U I Z U
```

2 Conjuga estos verbos en pretérito pluscuamperfecto.
Busca en el diccionario los participios que no conoces.

1. 2ª p. sg. de hablar ....
2. 1ª p. pl. de resolver ....
3. 3ª p. pl. de comprar ....
4. 1ª p. sg. de exponer ....
5. 3ª p. sg. de devolver ....
6. 2ª p. pl. de aprobar ....

7. 1ª p. sg. de romper ....
8. 3ª p. pl. de deshacer ....
9. 2ª p. sg. de cubrir ....
10. 2ª p. pl. de cerrar ....
11. 3ª p. sg. de morir ....
12. 1ª p. pl. de contestar ....

3 Ahora, clasifica los participios de los ejercicios anteriores según su terminación.

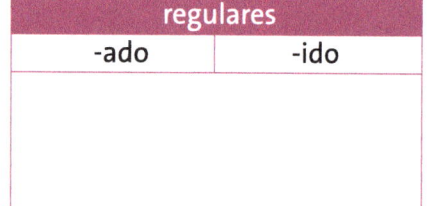

regulares	
-ado	-ido

irregulares		
-erto	-ito, -oto	-isto

-uelto	-echo, -icho	-uesto

4 Relaciona las dos partes de cada frase y conjuga los verbos en pretérito perfecto simple o pretérito pluscuamperfecto.

1. Cuando le (llamar, yo) .... por teléfono,
2. Me (contar, ellas) ....
3. (Pensar, yo) ....
4. Me (preguntar, él) ....
5. Cuando (llegar, nosotros) .... al cine,
6. El profesor (enfadarse) ....

a. no (levantarse, él) .... todavía.
b. la película ya (empezar) ....
c. que todo lo que me (decir, vosotros) .... era mentira.
d. porque no (hacer, nosotros) .... los deberes.
e. por qué no (volver, yo) .... a hablar con él.
f. que (ver, ellas) .... a mis primas en la fiesta.

5 Elige la opción correcta en cada caso.

1. Cuando *llegamos/habíamos llegado* a la estación, el tren ya *salió/había salido*.
2. *Se quedó/Se quedaba* muy sorprendido porque nunca *vio/había visto* una película en 3D.
3. Me regalaron un libro, pero lo *había devuelto/devolví* porque ya lo *leía/había leído*.
4. La calle *estaba/estuvo* mojada porque *había llovido/llovió*.
5. *Había suspendido/Suspendió* el examen porque no *había estudiado/estudió*.
6. *Estuvo/Estaba* muy emocionada porque nunca antes *salía/había salido* de su ciudad.
7. Cuando *llegaron/habían llegado* al concierto, *empezó/había* empezado a llover y lo *cancelaron/habían cancelado*.
8. El parque *estaba/estuvo* lleno de gente porque *había habido/hubo* un concierto.

6 Termina las frases utilizando un verbo en pretérito pluscuamperfecto.

1. Estaba muy nerviosa porque ....
2. Me explicó que ....
3. Cuando mis padres llegaron a casa, ya ....
4. ¿Te dijeron que ....?
5. Se puso muy contenta porque ....
6. Cuando salí de clase, todavía no ....
7. Cuando le dieron la beca, ya ....
8. Tenía muchos seguidores en las redes porque ....
9. No sabía la noticia porque todavía no ....
10. No le sorprendió verlo porque ya ....

7 Observa las imágenes y completa las frases usando el pretérito pluscuamperfecto.

 Antes de llegar a España nunca...

 Cuando llegué a la parada, el autobús ya...

 Me dijo que ya...

 Desde que terminaron las obras del metro, todavía no...

 Cuando me llamó por teléfono, todavía no...

 Te prometo que nunca...

 Nunca, en pleno de mes julio,...

 Cuando llegamos, ya...

8 Conjuga los verbos en el tiempo de pasado adecuado y completa con las siguientes palabras.

nunca ● todavía ● ya ● qué sorpresa

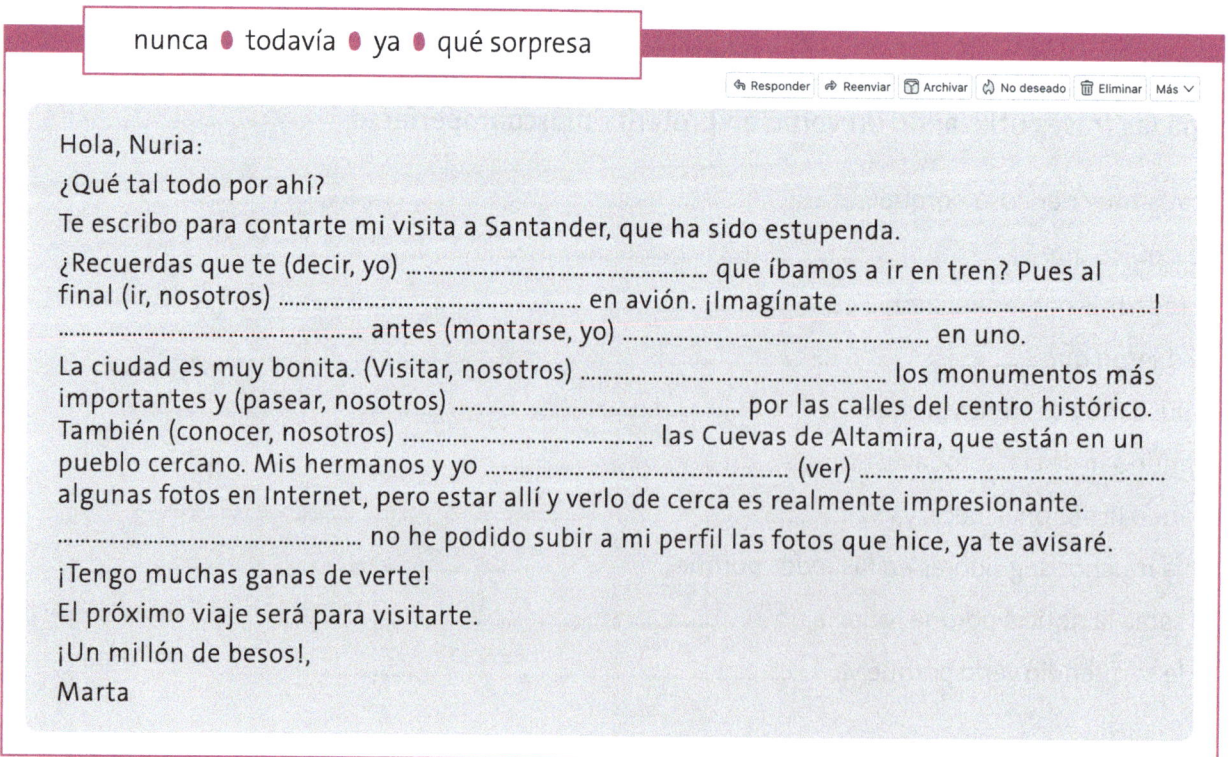

↩ Responder   ↪ Reenviar   🗐 Archivar   ⊘ No deseado   🗑 Eliminar   Más ∨

Hola, Nuria:

¿Qué tal todo por ahí?

Te escribo para contarte mi visita a Santander, que ha sido estupenda.

¿Recuerdas que te (decir, yo) .... que íbamos a ir en tren? Pues al final (ir, nosotros) .... en avión. ¡Imagínate ....!
.... antes (montarse, yo) .... en uno.

La ciudad es muy bonita. (Visitar, nosotros) .... los monumentos más importantes y (pasear, nosotros) .... por las calles del centro histórico.

También (conocer, nosotros) .... las Cuevas de Altamira, que están en un pueblo cercano. Mis hermanos y yo .... (ver) ....
algunas fotos en Internet, pero estar allí y verlo de cerca es realmente impresionante.

.... no he podido subir a mi perfil las fotos que hice, ya te avisaré.

¡Tengo muchas ganas de verte!

El próximo viaje será para visitarte.

¡Un millón de besos!,

Marta

Comer es un placer

Lección 4

1 Observa y clasifica los objetos que aparecen en las imágenes.

A

B

A	B	A y B

2 Observa las fotos y escribe el nombre de cada alimento.

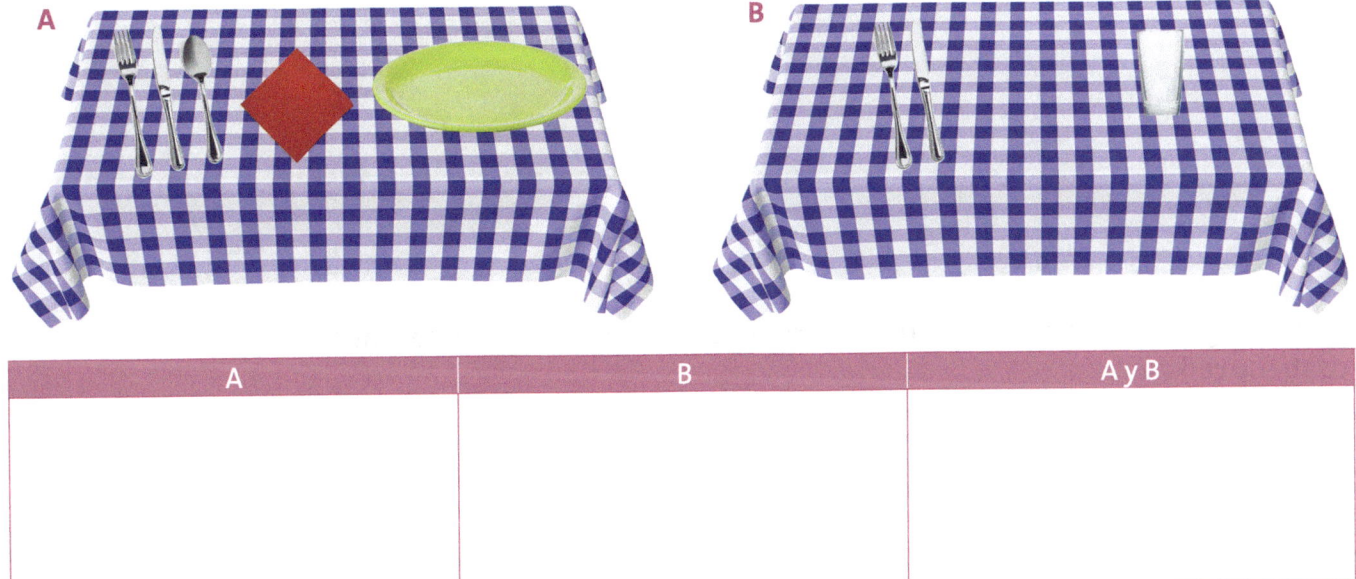

1. ....
2. ....
3. ....
4. ....

5. ....
6. ....
7. ....
8. ....

3 Hoy, en la clase de español, hay unas jornadas especiales sobre la gastronomía de España. Haz una lista con los ingredientes que se necesitan para preparar los siguientes platos.

SALMOREJO

FABADA

FLAN

4 Ahora, elige dos platos nuevos, busca y completa con el nombre y los ingredientes que contiene cada uno.

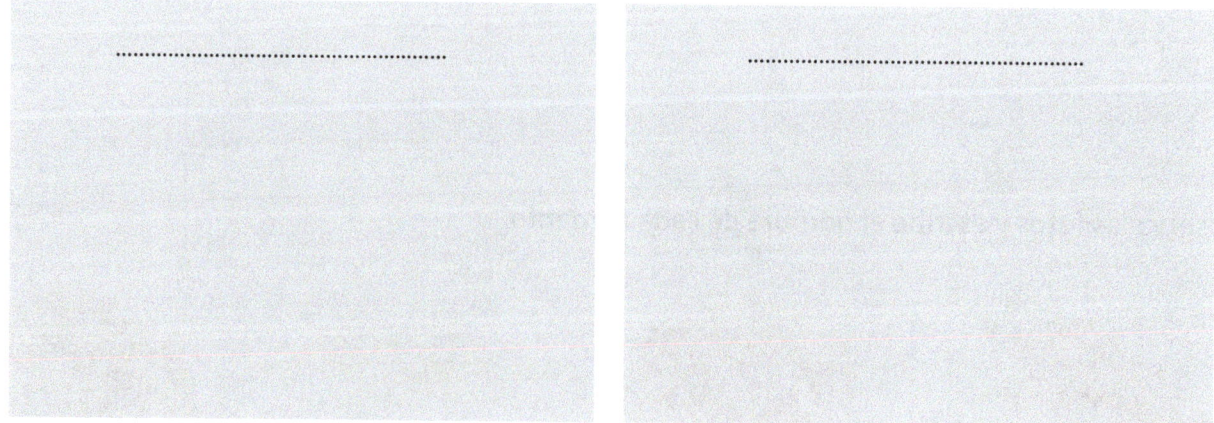

....

....

5 Señala el intruso en cada serie de palabras.

1. lechuga, cebolla, tomate, azúcar, patata
2. gambas, ajo, calamares, merluza, mejillones
3. arroz, ternera, pollo, cerdo, jamón
4. sal, pimienta, aceite, pimiento, vinagre
5. sopa, paella, *pizza*, tortilla, sal
6. espaguetis, lentejas, flan, paella, sopa

6 Observa las fotos y coloca cada plato en el menú.

Pollo al limón

Salmón al horno

Tarta de chocolate

Ensalada de la casa

Fruta

Espaguetis con tomate

Sopa de pescado

Ternera a la plancha

Arroz con leche

MENÚ DEL DÍA

Primeros
-
-
-

Segundos
-
-
-

Postres
-
-
-

Pan, bebida y café

7 ¿Cuánto sabes sobre los alimentos? Relaciona cada curiosidad con el alimento al que se refiere.

1. Es el alimento más consumido del mundo.

2. Cuando llegó a Europa, se consideraba venenoso.

3. En Perú existen más de 5000 variedades nativas.

4. Es el único alimento que no tiene calorías.

5. Tiene más cantidad de vitamina C que la naranja.

6. El 90 % del que se consume se captura en el hemisferio norte.

7. Contiene una sustancia que aumenta la felicidad de las personas.

8. Es excelente para limpiar los dientes, porque contiene ácido.

9. Aunque muchos piensan que es un fruto seco, en realidad es una legumbre, pues crece bajo tierra.

10. Pesa entre 1 y 2 kilos, y tarda unas cuatro horas en cocerse.

a. manzana

b. pescado

c. agua

d. tomate

e. arroz

f. huevo de avestruz

g. piña

h. pimiento rojo

i. cacahuete

j. patata

Lección 5

1 ¿Sabes cómo se llaman estos objetos? Escribe debajo sus nombres.

....

....

2 ¿Cuál de estas acciones puedes realizar con los objetos anteriores? Relaciona cada una con la imagen adecuada.

1. pelar **2.** lavar **3.** cortar **4.** añadir **5.** hervir **6.** freír **7.** gratinar **8.** remover

3 Aquí tienes dos famosas recetas de platos españoles. ¿Puedes relacionar cada una con los ingredientes adecuados?

1 kg de tomates
1 pimiento verde
1 ajo
½ pepino
1 rebanada de
Pan
Aceite
Vinagre
Sal

TORTILLA DE PATATA

Pelar (..................) las patatas y la cebolla. *Cortar* (..................) en láminas finas y *añadir* (..................) sal. *Freír* (..................) en abundante aceite a fuego suave. *Batir* (..................) los huevos. *Retirar* (..................) la patata y la cebolla del aceite y *mezclar* (..................) con los huevos batidos. *Calentar* (..................) una sartén pequeña y *poner* (..................) la mezcla. Echar (..............) en la sartén y freír (..............) todo.

4 patatas grandes
1 cebolla grande
6 huevos
Aceite
Sal

GAZPACHO

Lavar (..................) las verduras. *Pelar* (..................) los tomates y el pepino y *cortar*los (..................) en trozos. *Cortar* (..................) el pimiento y *poner*lo (..................) todo en un recipiente. *Añadir* (..................) el ajo pelado y el pan mojado en agua. *Pasar* (..................) la batidora. *Añadir* (..................) sal, 3 cucharadas de aceite y otras 3 de vinagre. *Pasar* (..................) de nuevo la batidora.

4 Ahora, escribe de nuevo las recetas anteriores transformando los infinitivos en la forma correspondiente de *se* impersonal.

5 Completa la lista de ingredientes necesarios para elaborar esta receta.

> jamón ● cebollas ● cerdo ● tomates ● queso ● sal ● pimientos ● aceite ● huevo

FLAMENQUINES CON VERDURAS AL HORNO
INGREDIENTES

4 filetes de ....

2 ....

4 lonchas de ....

2 ....

4 lonchas de ....

1 .... batido

pimienta

50 g de pan rallado

.... y ....

2 ....

6 Ahora, completa la receta con los verbos adecuados en la forma *se* impersonal.

> poner (x2) ● freír ● lavar ● añadir ● enrollar ● pelar ● cortar ● repetir ● meter

MODO DE PREPARACIÓN

Para los flamenquines:

1. Se extiende un filete de cerdo y se condimenta con sal y pimienta.

2. Encima .... una loncha de queso.

3. .... una loncha de jamón.

4. .... el filete para formar rollitos de carne.

5. Se pasa el rollito por el huevo y el pan rallado.

6. .... con todos los filetes.

7. .... los rollitos en abundante aceite.

8. .... sobre papel de cocina para eliminar el exceso de aceite.

Para las verduras:

1. .... las cebollas, los tomates y los pimientos.

2. .... las cebollas.

3. .... todas las verduras por la mitad.

4. Se añade sal y un poquito de aceite.

5. .... al horno 35-40 minutos.

6. Se sirven con los flamenquines.

7 Transforma estos adjetivos en adverbios en –*mente*. Después, escribe su contrario.

<table>
<tr><td></td><td>contrario</td><td></td><td>contrario</td></tr>
<tr><td>1. silencioso .... | ....</td><td></td><td>7. actual .... | ....</td><td></td></tr>
<tr><td>2. ordenado .... | ....</td><td></td><td>8. positivo .... | ....</td><td></td></tr>
<tr><td>3. fuerte .... | ....</td><td></td><td>9. breve .... | ....</td><td></td></tr>
<tr><td>4. sincero .... | ....</td><td></td><td>10. cariñoso .... | ....</td><td></td></tr>
<tr><td>5. educado .... | ....</td><td></td><td>11. feliz .... | ....</td><td></td></tr>
<tr><td>6. rápido .... | ....</td><td></td><td>12. primero .... | ....</td><td></td></tr>
</table>

8 Ahora, sustituye cada expresión marcada en las frases por el adverbio adecuado.

1. He terminado el ejercicio *con rapidez* porque me sé bien todo. ....
2. El profesor valoró su trabajo *de manera positiva*. ....
3. Dímelo *con sinceridad*: ¿has roto tú el ordenador? ....
4. Se levantó y salió de la clase *en silencio*. ....
5. En cuanto le vio, saltó sobre él y lo abrazó *con fuerza*. ....
6. Siempre hace las cosas *de forma ordenada*. ....
7. Intervino en la discusión *de forma breve*. Casi no habló. ....
8. Todo terminó *de forma feliz*. ....
9. Se acercaron a nosotros y nos saludaron *con cariño*. ....
10. *En primer lugar*, me presentaré. ....
11. Con nosotros siempre se ha comportado *de forma educada*. ....
12. *En la actualidad,* las redes sociales son el medio de comunicación más empleado. ....

9 Observa las imágenes y escribe una frase con un adverbio en -*mente*.

1. ....　　2. ....　　3. ....

Lección 6

1 Relaciona cada sentido con un comentario.

1. Vista
2. Olfato
3. Oído
4. Tacto
5. Gusto

a. ¿Puedes hablar más alto? No te oigo bien.

b. ¡Buf! ¿De qué es esta tarta? ¡No me gusta nada!

c. Me encanta abrazar y acariciar a mi gato. Es tan suave.

d. ¿Te apetece ir al parque de las Maravillas? Me han dicho que desde allí se puede ver toda la ciudad.

e. Ayer fue el aniversario de boda de mis padres y mi padre le regaló a mi madre un ramo de flores enorme. Hay un olor en toda la casa.

2 Relaciona cada verbo con el sentido que corresponde.

oler ● crujir ● saborear ● calentar ● ver ● probar ● tocar ● mirar ● oír

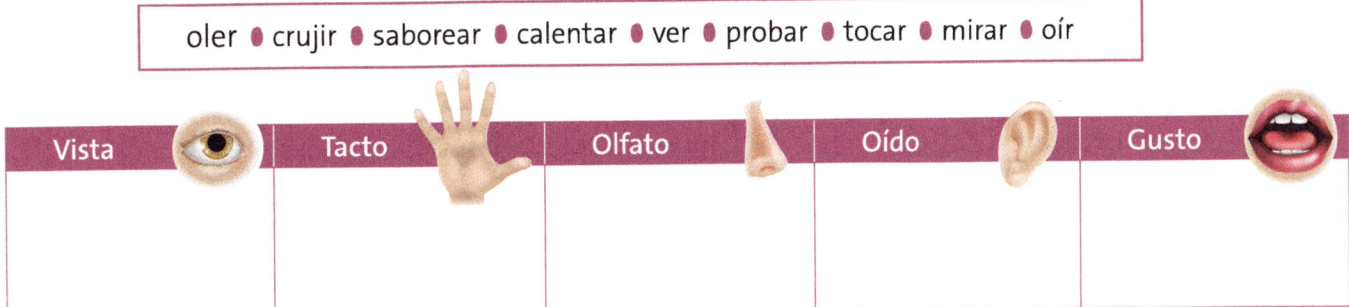

Vista	Tacto	Olfato	Oído	Gusto

3 Escribe las características de cada alimento. Puede haber varias opciones.

líquido ● blando ● duro ● crujiente ● salado ● dulce ● amargo ● ácido

1. ....
2. ....
3. ....
4. ....
5. ....
6. ....

7. ....
8. ....
9. ....
10. ....
11. ....
12. ....

4 Ahora, escribe tú un alimento para cada una de las características siguientes.

1. líquido ....
2. dulce ....
3. de color llamativo ....
4. blando ....
5. amargo ....

6. de olor fuerte ....
7. crujiente ....
8. con aroma agradable ....
9. frío ....
10. que hace llorar ....

5 Conjuga los verbos en presente de subjuntivo y clasifícalos según su irregularidad. Busca en el diccionario los que no conoces.

1. Pensar, yo ....
2. Perder, ella ....
3. Venir, tú ....
4. Dar, ellos ....
5. Sentir, yo ....
6. Sentir, nosotros ....
7. Haber, usted ....
8. Traducir, ellos ....
9. Mentir, vosotros ....
10. Mentir, tú ....
11. Entender, ellas ....
12. Pedir, nosotras ....

13. Cerrar, yo ....
14. Ir, vosotras ....
15. Ser, tú ....
16. Acostarse, usted ....
17. Mover, ellas ....
18. Morir, nosotros ....
19. Morir, él ....
20. Preferir, yo ....
21. Preferir, nosotras ....
22. Conocer, ustedes ....
23. Tener, tú ....
24. Sonreír, ella ....

e > ie	e > ie / i	o > ue	o > ue / u

c > zc	e > i	n > ng	otros

6 Completa las frases con *para* + infinitivo o *para que* + presente de subjuntivo.

1. ¿Llamamos a Victoria (venir, ella) .... al cine con nosotros?

2. Vamos todos los días a la biblioteca (estudiar, nosotras) ....

3. El profesor ha cambiado la fecha del examen (tener, nosotros) ....
más tiempo para prepararlo.

4. ¿Te doy las llaves (poder, tú) .... entrar en casa?

5. ¿Qué ropa vas a ponerte (ir, tú) .... al concierto?

6. Nos levantamos muy temprano (ser, nosotros) .... los primeros en llegar.

7 Completa con los verbos adecuados usando *para* + infinitivo o *para que* + presente de subjuntivo.

> decir ● cenar ● ir ● estudiar (x2)
> hacer (x2) ● aprobar ● estar ● hablar

1. Sara es muy responsable. Le gusta quedar con sus amigas .... los deberes
y .... Trabaja mucho .... todas las asignaturas.
Por eso, sus padres le han comprado un ordenador .... los trabajos.

2. Me ha escrito Pablo .... me que mañana no hay entrenamiento. Hemos
quedado .... a dar una vuelta. Luego, iremos al centro comercial ....
.... una *pizza*.

3. Mi hermano se ha ido a vivir a Barcelona .... en la universidad.
Todos los domingos hablo con él .... me .... de su
nueva vida allí. La semana que viene voy a ir a visitarle .... con él unos días.

8 Termina estas frases con infinitivo o subjuntivo.

1. Silvia está haciendo la compra para ....

2. Planificó todo para que ....

3. Le dieron antibióticos para que ....

4. Me he comprado un diccionario para ....

5. He quedado con Julia para ....

6. No te he dicho nada para que ....

7. Le dejaré mi *tablet* para que ....

8. Nos acercamos hasta allí para que ....

¿Eres ciberexpert@?

Lección 7

1 Lee el siguiente texto de una web especializada en robots y responde a las preguntas.

ROBÓTICA   JUEGOS   DROIDES   ACTUALIDAD

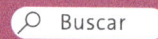 Buscar

Poner los cubiertos para el desayuno, limpiar la mesa y recoger la compra son algunas de las tareas domésticas que realiza Justina. Fue en 2017 cuando el ingeniero uruguayo Federico Andrade creó con otros expertos mexicanos un robot para competir en la RoboCup, el concurso de robótica más importante del mundo.

La primera tarea que Justina debía realizar en el concurso era acercarse al dueño de la casa y preguntarle: «¿Quieres desayunar?». Cuando el humano elegía los productos, Justina se acercaba a la nevera, tomaba los alimentos y los colocaba en la mesa. Luego, ponía los cubiertos y al terminar le decía: «Buen provecho».

Después del desayuno, el juez del concurso debía tirar la leche y ensuciar la mesa, y Justina debía reconocer la acción y limpiar la suciedad. Por último, tenía que ayudar al humano a recoger las bolsas de la compra. El robot debía situarse en una parte de la casa y el hombre tenía que acercarse a ella y decirle: «Ayúdame a traer las compras, por favor». Entonces el robot le debía responder: «Dime dónde está el coche y vamos hasta allí». Cuando el humano camine con el robot, aunque por el camino se crucen con otras perso-

nas, Justina debía seguirle. Luego, Justina tenía que llevar las bolsas del coche a casa.

Justina pesa 50 kilos, tiene ruedas en sus «pies» y 10 motores en cada brazo. También tiene unos sensores que le permiten tener un mapa 3D de su entorno y desplazarse de forma segura.

Su inventor, Federico Andrade, es uno de los creadores más importantes de la robótica uruguaya que, junto a otros ingenieros, organiza uno de los campeonatos de robots más importantes, el Sumo Robótico, en el que los participantes, chicos y chicas de todas las edades, pondrán a prueba sus dispositivos y competirán en diferentes categorías.

Adaptado de *El País*

1. ¿Quién creó a Justina y cuándo?
2. ¿Qué lleva Justina a la mesa para que el humano desayune?
3. ¿Qué debe hacer Justina con las bolsas de la compra?
4. ¿Qué puede hacer Justina gracias a los sensores que tiene en su cuerpo?
5. ¿Por qué es conocido Federico Andrade?

2 Escribe qué actividad hacen estas personas e indica cuáles haces tú en tu rutina diaria.

> jugar a la consola ● hacer la comida ● navegar por Internet ● practicar deporte
> recoger la mesa ● ordenar la habitación ● hacer los deberes ● pasear al perro

1. Jen y Sun ....
....

2. Andrés ....

3. Luis y Carmen ....

4. Pablo ....
....

5. Laura ....
....

6. Enrique ....
....

7. Claudia ....
....

8. Sofía y María ....
....

3 Relaciona los elementos de cada columna. Puede haber varias opciones.

1. Navegar	**a.** música de YouTube
2. Hablar	**b.** por Internet
3. Descargar	**c.** por WhatsApp
4. Comentar	**d.** un *post*
5. Seguir	**e.** un blog
6. Subir	**f.** un grupo de Facebook
7. Escribir	**g.** una foto a Instagram

4 Ahora, escribe frases con las expresiones anteriores.

1. ....
2. ....
3. ....
4. ....
5. ....
6. ....
7. ....

5 Lee le siguiente texto de una revista especializada en robótica y complétalo con las palabras que faltan.

chat • aprendizaje • decisiones • puestos de trabajo • inteligencia
ciencia ficción • capacidad • humanos • tecnología • nube
asistente virtual • virtual • robótica • máquinas

Los robots con inteligencia artificial ya no son ...., sino que son una realidad. Además, la combinación de .... e inteligencia artificial ha conseguido dar un paso más que puede ayudar a desarrollar la transformación digital.

¿Qué es la inteligencia artificial o IA?
Definir la inteligencia artificial no es una tarea sencilla porque se trata de una .... que evoluciona continuamente. Podemos decir que consiste en que un robot o un software imite la .... humana. La .... de imitar la inteligencia humana puede resultar inquietante, pero lo cierto es que no son los robots los que toman las ...., sino nosotros a la hora de diseñarlos e integrar robots con IA.
Entre las técnicas de IA encontramos dos que son importantes: el .... automatizado (*machine learning*) y el aprendizaje profundo (*deep learning*) que son dos formas en las que un sistema aprende en función de cómo interactúa con su entorno físico o ....

¿Qué diferencia hay entre Bot, Chatbot y robot?
Probablemente, has visto alguna vez que al entrar en una página web salta un .... en el que un ....te ofrece ayuda. Eso es un Bot o Chatbot. Generalmente, funcionan en la .... Por otro lado, encontramos los robots que pueden ser .... físicas (por ejemplo, un brazo robótico en una fábrica de automóviles) o virtuales (los que analizan datos y los procesan de forma automatizada (RPA).

¿Los robots con inteligencia artificial y las personas se complementan?
Existe la creencia de que los robots con inteligencia artificial van eliminando poco a poco .... de las personas, pero lo cierto es que los robots y los .... no deben ser excluyentes, sino complementarios. Es decir, es importante saber cómo conseguir que los robots ayuden a las personas a hacer mejor su trabajo. Para ello hay que pensar en los robots de forma correcta, así podrán ayudarnos en todas las actividades de la vida diaria.

6 Ahora, resume cada párrafo en una línea.

Lección 8

1 Conjuga estos verbos en presente de subjuntivo.

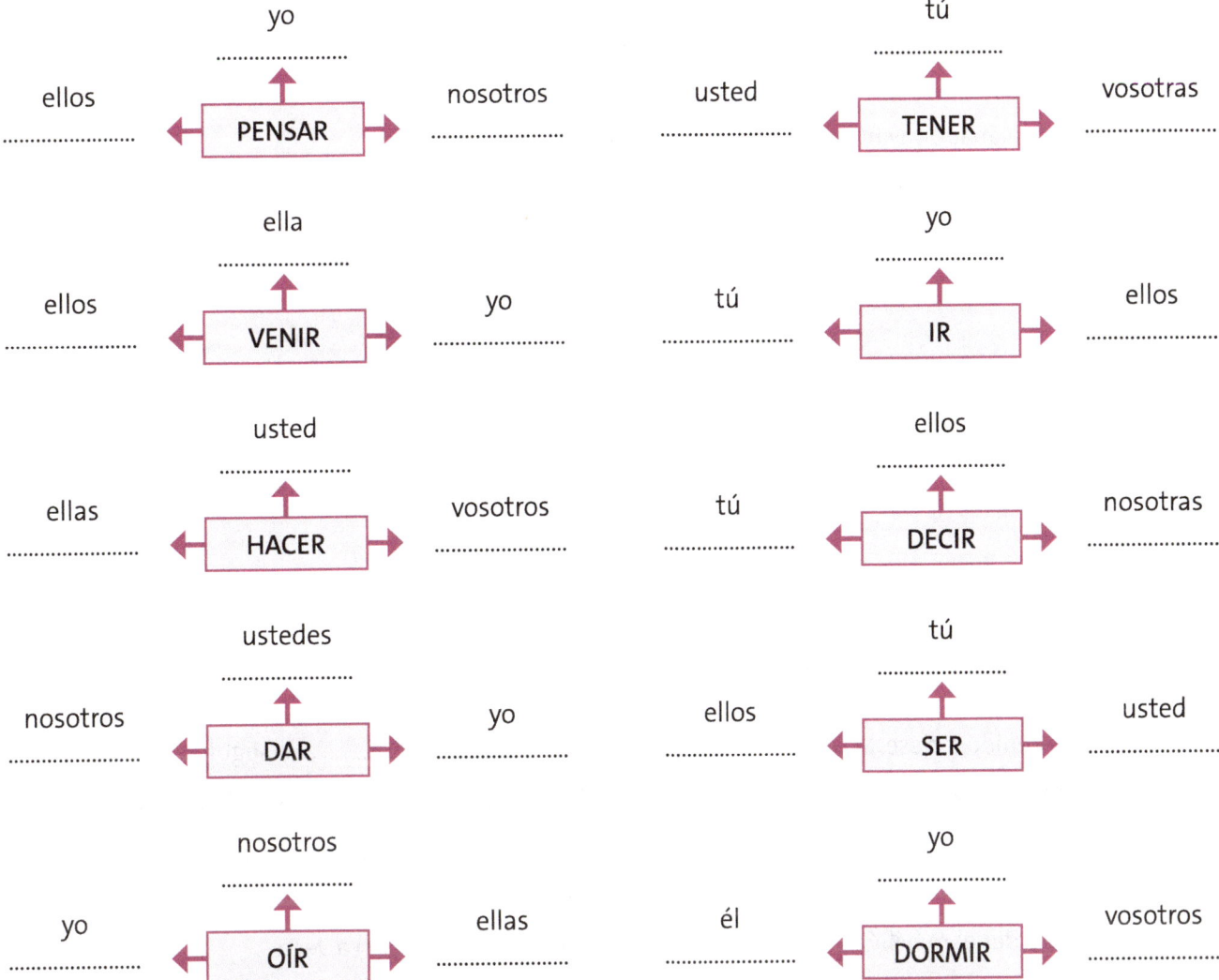

yo
....
ellos ← **PENSAR** → nosotros
....

tú
....
usted ← **TENER** → vosotras
....

ella
....
ellos ← **VENIR** → yo
....

yo
....
tú ← **IR** → ellos
....

usted
....
ellas ← **HACER** → vosotros
....

ellos
....
tú ← **DECIR** → nosotras
....

ustedes
....
nosotros ← **DAR** → yo
....

tú
....
ellos ← **SER** → usted
....

nosotros
....
yo ← **OÍR** → ellas
....

yo
....
él ← **DORMIR** → vosotros
....

2 Lee este texto, observa las expresiones marcadas y elige la opción correcta en cada caso.

Dentro de 100 años, *probablemente,* el mundo *sea/es* muy diferente al actual. Las nuevas tecnologías avanzan cada vez más rápido y nuestra rutina diaria poco a poco va cambiando. Los científicos dicen que *es posible que* las ciudades del futuro no *se construyan/se construyen* solo en la tierra, sino también en el fondo del mar o en edificios altos. *Seguro que existen/existan* medidas para controlar el cambio climático y sus efectos. *Puede que* las actividades de ocio también *son/sean* distintas. La realidad virtual está cada vez más presente y *tal vez* los chicos del futuro ya no *van/vayan* a tantos sitios como nosotros ahora, sino que los verán proyectados en 3D. *A lo mejor* ya no *visitan/visiten* museos, parques de atracciones ni zoos porque pueden verlos desde casa. Hasta *es probable que* el dinero *desaparezca/desaparece* y que se pague todo con el móvil. Hay muchas incógnitas sobre cómo será todo en 2117. Lo único seguro es que nosotros no lo veremos.

3 Observa las siguientes frases y clasifícalas según su grado de posibilidad.

1. Este verano a lo mejor voy de vacaciones a España.
2. Probablemente, mi hermano esté ya en casa.
3. Seguro que Marta está estudiando para el examen de mañana.
4. Tal vez existan los extraterrestres, pero aún no se ha demostrado.
5. Es probable que apruebe con buena nota el examen de Tecnología.
6. Puede que este sábado vayamos al parque de atracciones.

+		–

4 Relaciona las dos partes de la frase y conjuga el verbo en indicativo o subjuntivo.

1. Emilio no ha venido a clase.
2. Tarda mucho en llegar.
3. Ana sigue sin hablarme.
4. Hoy tengo la tarde libre.
5. He vuelto a perder el móvil.
6. Mi hermano lleva tres lesiones de rodilla.

a. Es probable que .... (seguir) enfadada contigo.
b. A lo mejor .... (perder) el autobús.
c. Puede que .... (tener) que operarse.
d. Seguro que .... (estar) enfermo.
e. Tal vez .... (ir) a verte.
f. Probablemente, tu madre .... (estar) furiosa.

5 Escribe frases expresando probabilidad como en el ejemplo.

1. El cielo está muy oscuro. → Es probable que mañana llueva.
2. Viene una ambulancia. → Seguro que ....
3. Mira ese gato corriendo. → Tal vez ....
4. El profesor ha llegado tarde. → Probablemente, ...
5. Ayer por la tarde discutimos. → A lo mejor ....
6. Este fin de semana vienen mis primos de visita. → Puede que ....

6 Escribe una frase de probabilidad para cada proyecto futurista, como en el ejemplo. Puedes hacerlo con *se* impersonal o con *nosotros*. Utiliza: *puede que; es probable que; tal vez; probablemente* + subjuntivo / *seguro que; a lo mejor* + indicativo.

1. Hacer ciudades submarinas para hacer investigaciones oceánicas.
   Es posible que se hagan ciudades submarinas para hacer investigaciones oceánicas.

2. Viajar en naves aéreas que tengan pequeñas ciudades en su interior.
   ....

3. Vivir en ciudades que utilicen energías alternativas.
   ....

4. Comprar en centros comerciales virtuales reflejados en pantallas.
   ....

5. Llevar ropa que mantiene la temperatura corporal para no sentir frío ni calor.
   ....

6. Tener un huerto vertical en la terraza de casa para cultivar verduras.
   ....

7. Adoptar mascotas virtuales diseñadas por nosotros mismos.
   ....

7 Escribe qué crees que les puede haber pasado a estas personas.

1. ....
   ....
   ....

2. ....
   ....
   ....

3. ....
   ....
   ....

4. ....
   ....
   ....

5. ....
   ....
   ....

6. ....
   ....
   ....

Lección 9

1 Conjuga estos verbos en condicional.

1. Escribir, yo ....
2. Decir, ella ....
3. Dar, vosotros ....
4. Tener, ustedes ....
5. Haber, impersonal ....
6. Querer, nosotras ....
7. Encantar, a ellos ....
8. Hacer, él ....
9. Importar, a vosotras ....
10. Salir, tú ....

11. Pedir, nosotros ....
12. Poder, ustedes ....
13. Venir, yo ....
14. Deber, vosotros ....
15. Ir, tú ....
16. Gustar, a nosotros ....
17. Llamar, usted ....
18. Preguntar, ellas ....
19. Saber, yo ....
20. Ser, vosotras ....

2 Clasifica los verbos del ejercicio anterior según sean regulares o irregulares.

REGULARES	IRREGULARES

3 Escribe dos consejos para cada situación.

1. La semana que viene son los exámenes finales.
.... / ....

2. Necesito ponerme en forma.
.... / ....

3. Mi mejor amigo/a se ha enfadado conmigo.
.... / ....

4. Soy adicto/a al móvil.
.... / ....

5. Quiero colaborar con el cuidado del medioambiente.
.... / ....

6. Mis padres se van de viaje y mi hermano y yo nos quedamos solos en casa.
.... / ....

4 ¿Qué consejos crees que dan estas personas en estas situaciones? Escríbelo.

1.

2.

3.

4.

5.

5 Completa los diálogos y clasifica cada situación.

Dar consejos ◯   Expresar deseos ◯   Hacer hipótesis ◯   Preguntar educadamente ◯

1. ● ¿Dónde (gustar, a vosotros) .... pasar las vacaciones?
   ○ A mí (gustar) .... ir a una casa rural porque me encanta la naturaleza.
   ● A mí (encantar) .... ir a la playa para hacer surf.

2. ● Por favor, ¿(importar, a usted) .... decirme si la Gran Vía está muy lejos de aquí?
   ○ ¿La Gran Vía? Sí, está bastante lejos.

   ● ¿Y (poder, usted) .... decirme si hay alguna estación de metro cerca?
   ○ Claro. Sigue recto y gira en la siguiente calle a la derecha.

3. ● ¿Qué te pasa, Isabel?

    ○ Es que he suspendido el examen de Historia.

    ● Yo en tu lugar, (ir) .... a hablar con el profesor para ver en qué has fallado.

    ● Yo que tú, (estudiar) .... con un compañero.

4. ● ¿Qué (hacer, tú) .... si te encuentras un animal abandonado?

    ○ Yo lo (llevar) .... a un veterinario, ¿y tú?

    ● Yo (llamar) .... a la protectora de animales.

6 Escribe una frase con el verbo en condicional para cada situación.

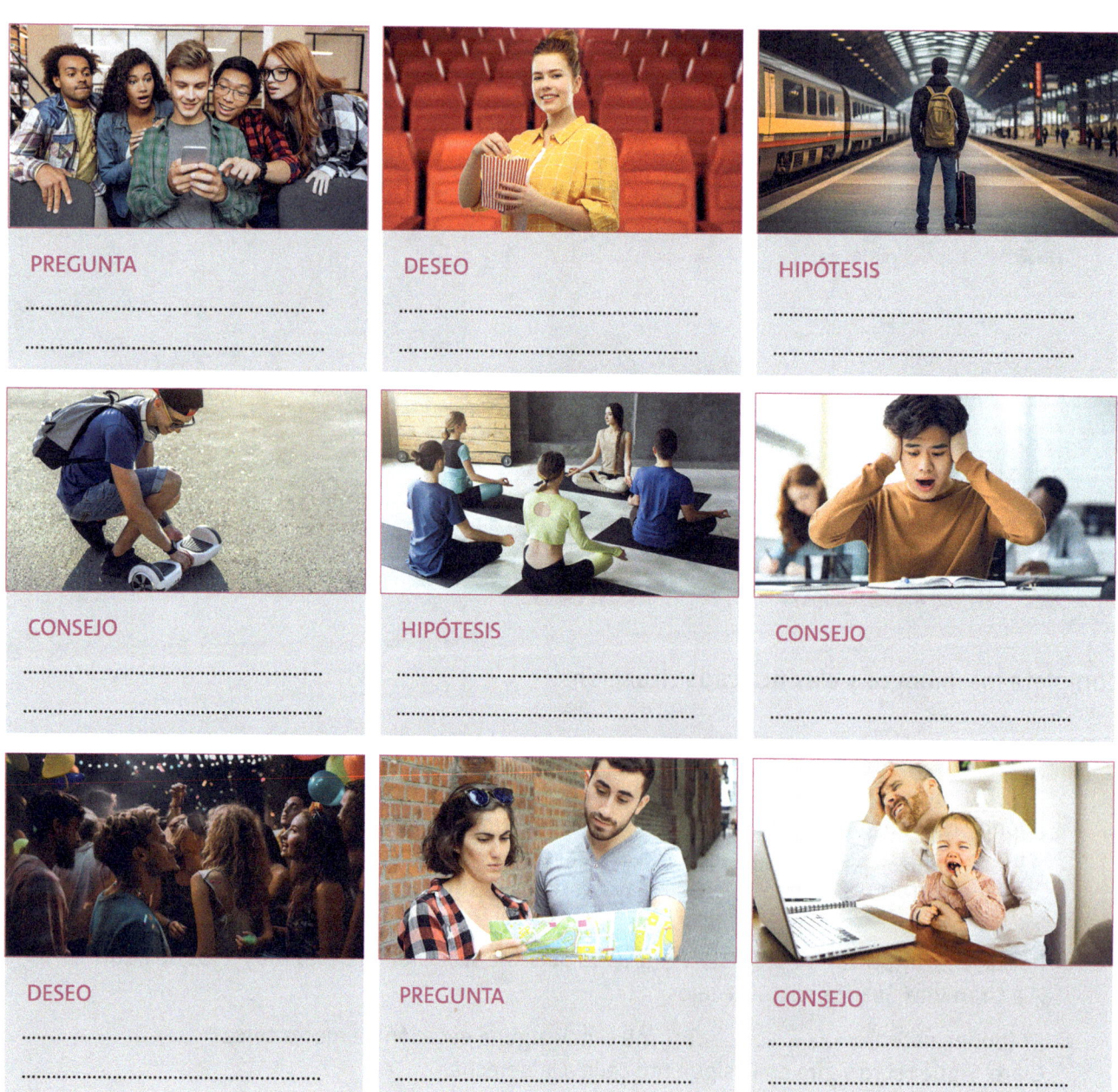

PREGUNTA

....
....

DESEO

....
....

HIPÓTESIS

....
....

CONSEJO

....
....

HIPÓTESIS

....
....

CONSEJO

....
....

DESEO

....
....

PREGUNTA

....
....

CONSEJO

....
....

Publicidad, ¿dónde y cuándo?

Lección 10

1 Relaciona cada término con la foto adecuada.

> cartel • valla publicitaria • cuña publicitaria • anuncio comercial • anuncio gráfico

1. .... 2. .... 3. .... 4. .... 5. ....

2 Une cada nombre con su significado.

1. Anuncio
2. Cartel
3. Modelo
4. Eslogan
5. Logotipo

a. Frase breve que identifica a una marca o a un producto.
b. Imagen gráfica que representa una marca.
c. Mensaje audiovisual publicitario.
d. Persona que publicita un producto.
e. Póster publicitario.

3 Escribe cada palabra en el lugar adecuado.

> producto • eslogan • logotipo • marca • modelo

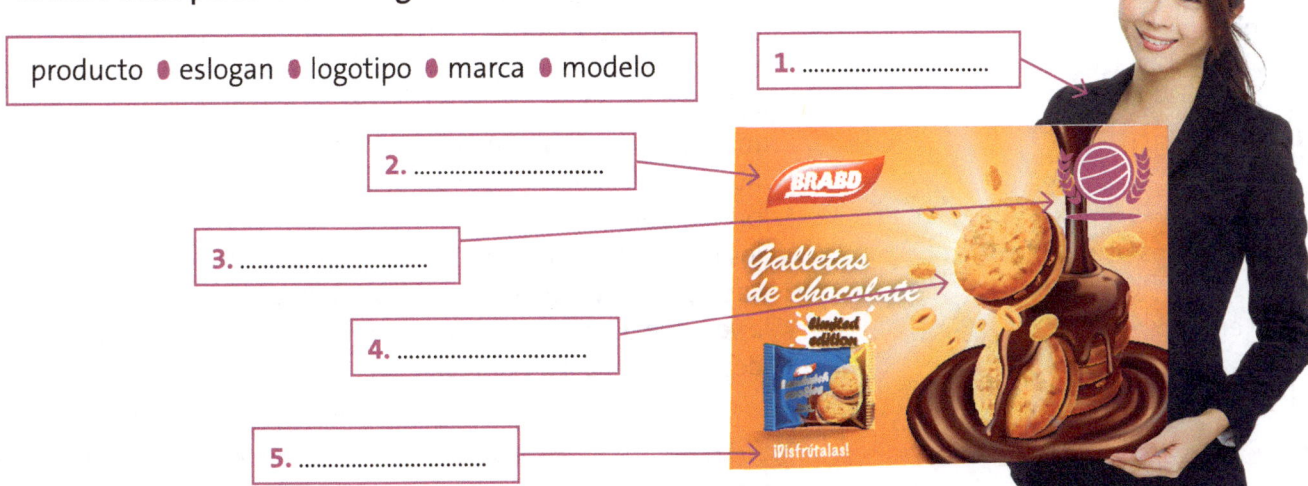

1. ....

2. ....

3. ....

4. ....

5. ....

4 Observa estas imágenes y responde a las preguntas.

- ¿Qué se anuncia?
- ¿A quién va dirigido?
- Escribe un eslogan

- ¿Qué se anuncia?
- ¿A quién va dirigido?
- Escribe un eslogan

- ¿Qué se anuncia?
- ¿A quién va dirigido?
- Escribe un eslogan

- ¿Qué se anuncia?
- ¿A quién va dirigido?
- Escribe un eslogan

5 El siguiente texto habla sobre los anuncios publicitarios que vemos en cualquier medio. Lee el primer párrafo y resúmelo en una línea. Después, relaciona cada estrategia con su explicación.

DISEÑO WEB | MARKETING DIGITAL | ACTUALIDAD | CONTACTO  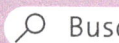 🔍 Buscar

Los anuncios que vemos y escuchamos en nuestra vida diaria son un instrumento fundamental para que las empresas enseñen sus artículos a la sociedad. Con ellos, recibimos información sobre productos, precios y servicios que hay en el mercado, y decidimos si nos interesa comprarlos o no.

Las marcas utilizan muchas estrategias para hacer más atractivos sus artículos: la publicidad, los envases llamativos o las ofertas en el precio. Estas son algunas de ellas:

1. La naturaleza:

2. Lo solidario:
3. Los protagonistas del anuncio:

4. La música:

5. Juegos de palabras:

6. Lo sano:

7. Los colores:

8. Las ofertas:

9. Los precios psicológicos:

10. El envase:

a. muchas veces la canción del anuncio es tan conocida que compramos el producto porque es más familiar.

b. si hay dos productos parecidos, compramos el más bonito.

c. el término *light* aparece en muchos anuncios para que pensemos que ese producto es mejor para nuestra salud.

d. el verde hace pensar en la naturaleza; el blanco, en la limpieza; el azul, en todo lo relacionado con el cielo, el agua.

e. muchas marcas aprovechan la preocupación por el medio ambiente para anunciar sus productos como naturales.

f. a veces comprar dos productos por el precio de uno no tiene ningún descuento.

g. si el producto lo anuncia un deportista, un actor o un cantante famoso, pensaremos que ese producto es de gran calidad.

h. muchas marcas prefieren poner como precio 5,99 euros y no 6 euros porque el consumidor presta más atención al primer número.

i. los publicistas saben que una persona gasta más dinero si sabe que está ayudando a otras personas.

j. a veces se usan adjetivos o nombres que destacan cualidades positivas del producto.

Adaptado de *www.madrid.org*

6 Lee el siguiente artículo de una web sobre publicidad y complétalo con las frases siguientes.

a. Aunque quizás no somos consciente de ello, la publicidad está presente en nuestras vidas.

b. pautas de comportamiento dominantes en el entorno social y cultural en el que vivimos.

c. por eso los jóvenes estamos muy presentes en la publicidad.

d. que se realizan en nuestros hogares (el móvil de nuestros padres, las galletas del desayuno, etc.).

e. sino porque condiciona nuestros estilos de vida, nuestras actitudes y nuestros sistemas de creencias y valores sociales.

f. Somos fieles a las marcas

g. y conocemos los anuncios, los compartimos y valoramos la buena publicidad.

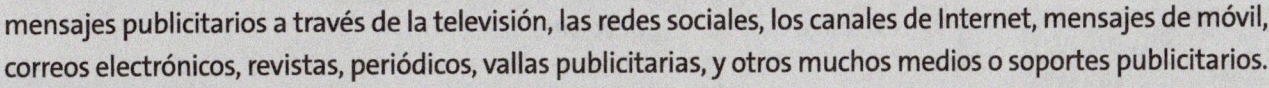

DISEÑO WEB | MARKETING DIGITAL | ACTUALIDAD | CONTACTO 🔍 Buscar

Jóvenes y publicidad

La publicidad ejerce gran influencia sobre los jóvenes, no sólo porque determina nuestros hábitos de consumo y nuestras decisiones de compra, 1. .... Por eso, muchos expertos señalan que junto con la familia, la escuela y los medios de comunicación la publicidad es clave para la socialización de los jóvenes, para interiorizar las creencias, ideas, valores y 2. ....

Desde que nacemos estamos bajo a la influencia de la publicidad. 3. .... Todos los días recibimos mensajes publicitarios a través de la televisión, las redes sociales, los canales de Internet, mensajes de móvil, correos electrónicos, revistas, periódicos, vallas publicitarias, y otros muchos medios o soportes publicitarios.

Pero ¿sabías que los jóvenes somos el objetivo de los anunciantes, los creativos y las agencias de publicidad? Estos son algunos de los motivos.

- Tenemos una capacidad de gasto creciente (podemos comprar muchos bienes y servicios).
- Influimos en las decisiones de compra 4. ....
- Tenemos una gran cultura publicitaria 5. ....
- 6. ...., con lo que el anunciante se asegura la venta del producto durante mucho tiempo (si desde jóvenes nos acostumbramos a comprar una determinada marca de vaqueros o de cereales, probablemente, mantendremos esta elección a lo largo de nuestra vida).
- Ser joven se ha convertido en un valor universal (ser o parecer joven vende), 7. ....

Lección 11

1 Lee las frases y completa el cuadro con el pronombre correspondiente a cada persona.

- **Le** hemos preparado una fiesta sorpresa a Carolina por su cumpleaños.
- Al terminar el curso **nos** entregaron un diploma.
- Mañana tenemos que revisar**las**.
- ¿El entrenador **os** ha cambiado la hora del entrenamiento?
- **Nos** ha traído en el coche.
- No **me** ha dicho nada.
- ¿**Te** llevo a casa?
- **Se lo** dijo a sus amigos.
- ¿Al final se **la** ha comprado?

	OD	OI
Yo	me	....
Tú	....	te
Él, ella, usted	.............., ...	.............., se
Nosotros/as	....	....
Vosotros/as	os	....
Ellos, ellas, ustedes	los, ...	les, ...

2 Completa los diálogos con los pronombres de OD correctos en el lugar adecuado.

1. ● ¿Has visto el anuncio de la nueva película de Amenábar?
   ○ No, no .... he visto .... todavía, pero me han dicho que la peli está genial.
   ● Si quieres, vamos a .... ver .... el sábado por la tarde.

2. ● ¿Pedro? Soy Silvia.
   ○ Hola, Silvia, ¿qué tal?
   ● Bien, te llamo porque al final no puedo ir esta tarde a tu casa. Tengo que ir a devolver unos libros a la biblioteca.
   ○ ¿Hoy? ¿No .... puedes .... llevar mañana?
   ● No, tengo que .... devolver............. hoy.

3. ● Mañana vienen a cenar las primas Sonia y Raquel.
   ○ ¡Qué bien! Hace mucho tiempo que no .... veo ....
   ● Voy a hacer una tarta de queso de postre porque sé que les gusta mucho.
   ○ Si quieres, te ayudo a .... preparar ....

4. ● Cada vez ponen más anuncios en la tele. Es imposible ver tranquilamente una película.
   ○ Sí, yo no .... soporto .... Por eso prefiero ver series por Internet.

5. ● ¿Quieres escuchar lo último de Rosalía?
   ○ Claro. Ya .... he escuchado .... varias veces y me encanta.

3 Sustituye el OD y el OI de las siguientes frases por los pronombres adecuados, como en el ejemplo.

1. Voy a prepararle la merienda a mis hermanas. → *Se la voy a preparar./Voy a preparársela.*

2. He comprado una caja de bombones para mi madre. → ....

3. Le he prestado el videojuego a Rodrigo. → ....

4. Esta tarde tengo que hacer el trabajo de Historia. → ....

5. Pásame el agua, por favor. → ....

6. Voy a enviar a José las fotos de la excursión. → ....

7. He perdido las llaves de casa. → ....

4 Observa las fotos y responde a las preguntas con el verbo adecuado. Sustituye el OD por el pronombre correcto, como en el ejemplo.

> *ordenar* ● comer ● lavar ● cocinar ● regar ● comprar ● ver ● llevar ● terminar ● leer

1. ¿Qué tiene que hacer con la ropa?

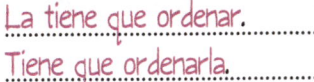

La tiene que ordenar.
Tiene que ordenarla.

2. ¿Qué tiene que hacer con los deberes?

....
....

3. ¿Qué va a hacer con los libros?

....
....

4. ¿Qué puede hacer con la comida?

....
....

5. ¿Qué están haciendo con el coche?

....
....

6. ¿Qué está haciendo con las fotos?

....
....

7. ¿Qué va a hacer con el periódico?

....

....

8. ¿Qué tiene que hacer con las plantas?

....

....

9. ¿Qué está haciendo con la tarta?

....

....

10. ¿Dónde tiene que llevar a sus hijos?

....

....

5 Lee estos diálogos y elige la opción correcta.

1. ● ¿Le has dicho a Fernando que mañana vamos al museo?
   ○ Sí, ya le lo he dicho./Sí, ya se lo he dicho.

2. ● ¿Has preparado las cosas para la acampada?
   ○ Sí, las tengo en mi habitación./Sí, tengo las en mi habitación.

3. ● ¿Es nuevo ese reloj?
   ○ Sí, me lo he comprado con mis ahorros./Sí, lo me he comprado con mis ahorros.

4. ● Los ejercicios de Lengua los vamos a terminar mañana.
   ○ No, los terminad hoy./No, terminadlos hoy.

6 Señala los errores y corrígelos.

1. A Alicia la encanta pasear por la playa. ....
2. Ana estaba allí, pero no le vi. ....
3. No la dieron tiempo para contestar. ....
4. A mis amigos les quiero mucho. ....
5. Los traje un libro a los niños. ....
6. El diccionario le dejé en clase. ....
7. Nunca la he pedido nada. ....
8. A esa chaqueta tengo que ponerla un botón. ....
9. Lo di una patada al balón. ....
10. A Marta y Sara les veo muy felices. ....

Lección 12

1 Escribe cada expresión debajo del emoji adecuado.

> me da pena ● me da asco ● me da risa ● me molesta ● me encanta
> me da igual ● me da miedo ● me asombra ● me fastidia ● me preocupa

1. ....
2. ....
3. ....
4. ....
5. ....

6. ....
7. ....
8. ....
9. ....
10. ....

2 Observa las siguientes fotos y reacciona con una expresión de sentimiento.

> me da pena ● me divierte ● me fastidia ● me encanta
> me molesta ● me preocupa ● me da risa ● me da asco

1. ....
2. ....
3. ....
4. ....

5. ....
6. ....
7. ....
8. ....

3 Completa las frases con infinitivo o *que* + subjuntivo.

1. Arturo irse a vivir a otra ciudad.
   Me da pena .... porque es mi mejor amigo.

2. Carmen hablar en voz alta.
   A Laura le molesta .... en la biblioteca.

3. Salir a la calle.
   A mi madre le da miedo .... porque han anunciado una tormenta muy fuerte.

4. Discutir con mi hermano.
   Me da rabia .... porque luego está dos días sin hablarme.

5. No venir con nosotras.
   Nos da igual .... porque iremos igualmente.

6. Llevar a la playa a mi perro.
   A mi padre y a mí nos encanta ...., por eso, haga frío o calor, vamos todas las semanas.

7. Álvaro llegar tarde.
   A mi profesora le molesta .... a clase todos los días.

8. La gente no ser consciente del cambio climático.
   Me preocupa .... y de sus consecuencias.

4 Reacciona a las siguientes imágenes utilizando infinitivo o *que* + subjuntivo.

1. .... 2. .... 3. .... 4. ....

5. .... 6. .... 7. .... 8. ....

5 Ahora, completa, según tu experiencia, con infinitivo y con *que* + subjuntivo.

1. Me divierte ....
2. Me molesta ....
3. Me fastidia ....
4. Me da pena ....
5. Me encanta ....
6. Me da igual ....
7. Me preocupa ....
8. Me da asco ....

6 Lee y completa las reacciones de Sonia y Gabriel con infinitivo o *que* + subjuntivo.

Me gusta (ir, yo) .... al gimnasio dos veces por semana.

Me da asco (tirar, ellos) .... basura al suelo.

Me divierte (salir, yo) .... con mis amigos el fin de semana.

Me preocupa (suspender, yo) .... alguna asignatura.

Me encanta (jugar, yo) .... con mis amigos al fútbol.

Me fastidia (no dejar, mis padres a mí) .... salir.

Me da igual (ir, yo) .... al instituto a pie o en autobús.

Me da miedo (viajar, yo) .... en avión.

7 Piensa en las cosas que haces en tu vida diaria y explica qué sentimientos te producen.

1. ....
2. ....
3. ....
4. ....
5. ....

¡Comienza el espectáculo!

Lección 13

1 Observa estas fotos y escribe, debajo de cada una, la palabra o expresión adecuada.

> palomitas ● acróbata ● director de cine ● taller de maquillaje ● actor ● butacas
> pantalla ● payaso ● mago ● malabarista ● taller de mímica ● instrumentos

1. ....

2. ....

3. ....

4. ....

5. ....

6. ....

7. ....

8. ....

9. ....

10. ....

11. ....

12. ....

2 Señala el intruso en cada serie de palabras.

1. malabarista, acróbata, escenario, mago, payaso
2. butaca, pantalla, entrada, taquilla, grafiti
3. ciencia ficción, actor, romántico, histórico, terror
4. cola, circo, cine, teatro, cuentacuentos

3 Completa el diálogo con las siguientes palabras.

butacas • cine • pantallas • cola • taquilla • entradas

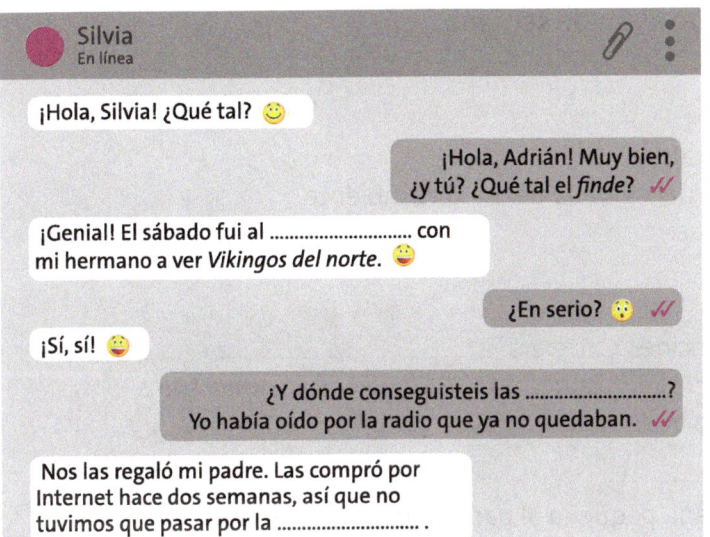

Silvia
En línea

¡Hola, Silvia! ¿Qué tal? 😊

¡Hola, Adrián! Muy bien, ¿y tú? ¿Qué tal el *finde*? ✓✓

¡Genial! El sábado fui al .... con mi hermano a ver *Vikingos del norte*. 😛

¿En serio? 😮 ✓✓

¡Sí, sí! 😛

¿Y dónde conseguisteis las ....? Yo había oído por la radio que ya no quedaban. ✓✓

Nos las regaló mi padre. Las compró por Internet hace dos semanas, así que no tuvimos que pasar por la ....

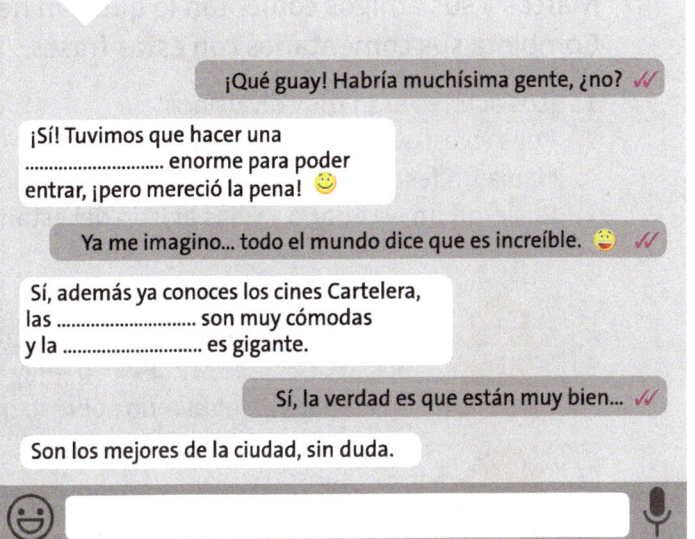

¡Qué guay! Habría muchísima gente, ¿no? ✓✓

¡Sí! Tuvimos que hacer una .... enorme para poder entrar, ¡pero mereció la pena! 😊

Ya me imagino... todo el mundo dice que es increíble. 😀 ✓✓

Sí, además ya conoces los cines Cartelera, las .... son muy cómodas y la .... es gigante.

Sí, la verdad es que están muy bien... ✓✓

Son los mejores de la ciudad, sin duda.

4 Clasifica las siguientes actividades en el lugar adecuado.

Ver una obra de teatro • Hacer una ruta de senderismo • Ir de visita al zoo
Jugar un partido de fútbol con amigos • Hacer un pícnic con la familia • Montar en bici
Ver una película en el cine • Ir a una feria de cómics • Ir a patinar
Hacer una ruta de grafitis • Ir a un búrguer • Hacer una fiesta en casa

	gratis	de pago
al aire libre		
en lugar cerrado		

5 Ahora, escribe una ventaja y una desventaja de cada actividad anterior.

	VENTAJAS	DESVENTAJAS
1. Ir al teatro		
2. Hacer senderismo		
3. Jugar al fútbol		
4. Ir al zoo		
5. Hacer un pícnic		
6. Ir al cine		
7. Ir a una feria de cómics		
8. Ir a patinar		
9. Hacer una ruta de grafitis		
10. Ir a un búrguer		
11. Hacer una fiesta en casa		
12. Montar en bici.		

6 Marcos y sus amigos comentan lo que han hecho el fin de semana.
Completa sus comentarios con estas frases.

1. ¡Los actores eran muy divertidos!
2. Pues yo estuve por el centro en el concurso de grafitis.
3. Había un festival de cortos sobre la importancia del cuidado del medioambiente.
4. Pusieron un escenario y sillas al lado del estanque.

¡Chicos! El sábado estuve en los cines Cartelera. ....
.... Estuvo guay porque después de ver los cortos, los directores
estuvieron hablando sobre lo que podemos hacer para ayudar. ✓✓

¡Ey! ¿Qué tal? Yo llevé a mi hermana pequeña al parque de los Cisnes
porque había cuentacuentos. Creía que me iba a aburrir, pero lo pasé genial.
.... ✓✓

¿En el parque de los Cisnes? Yo también estuve allí. Había una sesión de teatro
al aire libre. ....Y después hubo
talleres de maquillaje y mímica. ✓✓

.... Vinieron artistas de todo el país e
hicieron dibujos en las puertas de las tiendas de Malasaña. Fue muy divertido. ✓✓

7 En España, para decir entre amigos que algo está bien se dice que *está guay*. Sabes qué expresión
se usa en estos países hispanohablantes. Búscalo en Internet y completa.

1. México ....
2. Colombia ....
3. Venezuela ....
4. Costa Rica ....
5. Argentina ....
6. Cuba ....

Lección 14

1 Lee los diálogos y complétalos con estas expresiones.

> Es una pena ● A mí me parece muy buena idea
> Es fantástico ● Os parece bien ● Me parece increíble

1. ● Ya he terminado de leer *Frankenstein*.
   ○ ¿Ya? ¡Pero si lo empezaste hace dos días!
   ● Sí, pero me gustó tanto la historia que no pude parar. ¡Me acosté a las dos de la mañana!
   ○ ¿En serio? ¡... que lo hayas terminado tan rápido!

2. ● Cristina, mañana no puedo ir contigo a la biblioteca.
   ○ ¿Por qué?
   ● Es que tengo que ir al dentista.
   ○ ¡Vaya! ....

3. ● Chicos, ¿qué os parece si el domingo por la mañana salimos de ruta con las bicis?
   ○ ¡Genial!
   ● ¡Sí! ¡..!

4. ● He hablado con Pablo y me ha dicho que vendrá a visitarnos el mes que viene.
   ○ ¡...! Tengo ganas de verlo.

5. ● ¿... que hagamos el trabajo de arte sobre Dalí?
   ○ A mí sí. ¡Me encanta!
   ● A mí también, me parece un pintor muy interesante.

2 Relaciona las dos partes de cada frase y conjuga los verbos.

1. Qué pena que no (gustar, a ti) .... las películas de terror,
2. Es increíble que (llevar, nosotros) .... treinta minutos esperando el autobús,
3. Me parece genial que (ayudar, tú) .... a tus padres
4. Es fantástico que (ir, nosotros) .... de excursión a Salamanca,
5. Está fatal que la entrada del teatro (ser) .... tan cara,
6. ¿Te parece bien que le (regalar, nosotras) .... a Claudia
7. Es genial que (venir, tú) .... con nosotros al gimnasio,
8. Es magnífico que el profesor nos (ayudar) .... a hacer los ejercicios,
9. Me parece buena idea que (poner, tú) .... la mesa
10. Está muy bien que (sacar, tú) .... al perro

a. lo pasaremos muy bien.
b. una raqueta de tenis por su cumpleaños?
c. vamos a llegar tarde a clase.
d. es muy bueno con nosotros.
e. en el cine ponen una muy buena.
f. antes de irte al instituto.
g. a hacer las cosas de casa.
h. mientras yo hago la cena.
i. así pasamos un rato juntos después de clase.
j. deberían bajar el precio.

3 Escribe una frase con cada expresión usando *que* + subjuntivo.

1. Es genial ....
2. Me parece buena idea ....
3. Es increíble ....
4. Está fatal ....
5. ¿Te parece bien ....?
6. Es una pena ....

4 Lee los anuncios de estas actividades y responde a las preguntas.

RUTA EN BICI Y SENDERISMO POR LA CASA DE CAMPO

Durante el recorrido (70-90 min) conocerás la fauna y la flora de este bonito entorno natural. Además, podrás practicar tu inglés con monitores nativos.

Horario: viernes, sábados y domingos de 17:30 a 19:00.

Lugar de encuentro: fuente del Triángulo, Casa de Campo.

NAVEGANDO ENTRE ESCULTURAS Y MAPAS

Con la ayuda de un mapa y una brújula caminarás por el Camino de las esculturas y montarás en piragua para encontrar diferentes objetos.

Horario: sábados y domingos a las 10:30 y a las 12:00.

Lugar de encuentro: escultura del mundo, parque Juan Carlos I.

LUGARES CON HISTORIA EN TIERRA Y AGUA

Cruzarás la laguna en piragua y harás una ruta por el jardín botánico para conocer la naturaleza de Polvoranca. Además, te enseñaremos a utilizar una brújula y haremos actividades de orientación con mapas.

Horario: sábados a las 11:00 y a las 17:00.

Lugar de encuentro: escuela de piragüismo, parque de Polvoranca.

Adaptado de www.madrid.org

1. ¿En qué actividades se hacen rutas en piraguas?
2. ¿En qué actividad se puede hablar inglés?
3. ¿Dónde empieza el recorrido por la Casa de Campo?
4. ¿Dónde se hace la actividad Lugares con historia en tierra y agua?
5. ¿Qué actividad puede hacerse los domingos por la mañana? ¿Y los sábados por la tarde?

5 Escribe una valoración positiva y una negativa sobre las actividades anteriores.

6 Lee el argumento de cada corto y escribe el género al que pertenece.

histórico ● terror ● ciencia ficción ● animación ● acción ● romántico

DETRÁS DE LA PUERTA

Un grupo de amigos deciden pasar unos días en la montaña antes del inicio del curso. Todo cambia cuando encuentran una casa abandonada.

1. ....

TEDDY EL EXPLORADOR

Cansado de vivir siempre en el mismo sitio, Teddy toma su mochila y decide que es el momento de conocer mundo.

2. ....

POLICÍAS EN LA NOCHE

Miguel es policía en una comisaría de Madrid. Acaba de llegar a la ciudad y debe vigilar las calles del centro por la noche.

3. ....

ALEJANDRO III

Con un ejército de 40 000 hombres, el rey de Macedonia, Alejandro Magno, empieza la guerra contra el Imperio persa.

4. ....

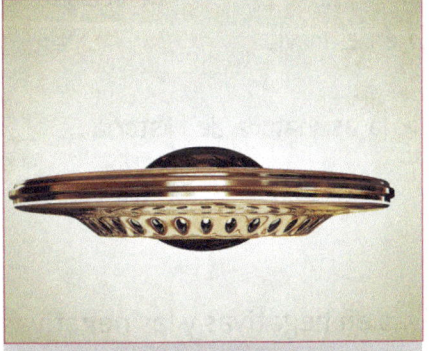

YA ESTÁN AQUÍ

Año 2050. Una nave espacial aterriza en Barcelona y en menos de cinco días los extraterrestres controlan toda la ciudad.

5. ....

LA NAVIDAD MÁS DULCE

Ana es directora de una revista de moda y Carlos trabaja en una empresa de ordenadores. Los dos se conocen en un avión.

6. ....

Lección 15

1 ¿Te gusta el cine? Lee las siguientes preguntas y respóndelas. Escribe un texto breve.

¿Te gusta ir al cine? ¿Prefieres ir solo/a o acompañado/a? ¿En qué parte de la sala te gusta sentarte?
¿Te gusta comer algo mientras ves la película? ¿Cuál es tu género favorito? ¿Y el que no soportas?
¿Recuerdas alguna película especial? ¿Por qué motivo? ¿Cuál es la película que más detestas?

....
....
....
....

2 Completa los pensamientos de Iván.

No creo que el sábado (poder) .... ir al partido.

Pienso que Ana no (querer) .... ir a la fiesta de fin de curso.

No me parece que las personas (preocuparse) .... por aprender idiomas.

Me parece que no me (quedar) .... saldo en el móvil.

No pienso que las pelis de acción (ser) .... aburridas.

Creo que la asignatura de Historia (ser) .... muy difícil.

No creo que me (dar) .... tiempo a tomar el bus de las 18:00.

3 Transforma las opiniones afirmativas en negativas y las negativas en afirmativas.

1. Creo que María va al cine esta tarde. → ....
2. Me parece que hoy ponen una buena película en la tele. → ....
3. Pienso que el vestuario es algo fundamental en una película. → ....
4. No creo que esa actriz sea tan buena como Penélope Cruz. → ....
5. Eva cree que las mejores películas son las de aventuras. → ....
6. Pienso que los directores de cine tienen mucha imaginación. → ....
7. No me parece que la gente reconozca el valor cultural del cine. → ....
8. Creo que las primeras filas están muy cerca de la pantalla. → ....
9. Me parece que hacen falta muchos efectos especiales en las películas. → ....
10. No pienso que esta película vaya a tener mucho éxito. → ....

4 Escribe una frase con cada expresión.

1. Creo que las personas ....
2. No pienso que los problemas medioambientales ....
3. Me parece que la alimentación ....
4. No creo que en el futuro ....
5. Pienso que todos ....
6. No me parece que tú ....
7. Opino que el cine ....

5 Lee el siguiente texto y busca en el diccionario las palabras que no conoces.
Después, escoge cinco leyes y expresa tu opinión sobre ellas utilizando indicativo y subjuntivo.

LAS LEYES MÁS ABSURDAS DEL MUNDO

The Times ha publicado una lista con algunas de las leyes más absurdas del mundo.
Son raras, difíciles de entender, inexplicables y poco habituales. Y, sin duda, la mayoría
de ellas, bastante cómicas. ¡Atentos!

1. En Londres es ilegal montar en un taxi si se tiene la peste.
2. En Inglaterra está prohibido morir en el Parlamento, porque el suelo de la cámara
   inglesa está considerado como parte del estatus que posee la Familia Real, por lo que si
   alguien fallece allí, tiene que ser despedido en un funeral de Estado.
3. En Chester (Inglaterra), los galeses no pueden entrar a la ciudad antes de la salida del
   sol y no pueden permanecer en ella una vez se ha puesto.
4. En Florida (Estados Unidos), las mujeres solteras que salten en paracaídas los
   domingos pueden ser encarceladas.
5. En Burundi solo se puede practicar *running* si perteneces a un club de *running*, y solo
   en nueve lugares del país aceptados para esta práctica.
6. En Alemania está prohibido quedarse sin gasolina en medio de la carretera. Es
   obligatorio, para los conductores, comprobar el depósito de gasolina antes.
7. En China están prohibidas las películas de viajes en el tiempo porque son «una mala
   influencia para el público».
8. En Francia es ilegal poner Napoleón como nombre a un cerdo.
9. En el Reino Unido se considera un acto de traición poner al revés un sello de correos en
   el que aparece una imagen de la monarquía británica.
10. En Londres va contra la ley que un taxi transporte cadáveres o perros rabiosos.

Adaptado de *www.20minutos.es*

1. (Pienso) ....
2. (No creo) ....
3. (Me parece) ....
4. (No me parece) ....
5. (No creo) ....

6 Observa las imágenes y escribe qué crees que ha pasado en las siguientes situaciones y qué crees que no ha pasado aún. Utiliza (no) creo que; (no) me parece que; (no) pienso que.

1. ....
....
....

2. ....
....
....

3. ....
....
....

4. ....
....
....

5. ....
....
....

6. ....
....
....

7 Observa las fotos y completa con la expresión de cantidad adecuada. Hay varias opciones.

> un montón de ● la mayoría de ● casi nada ● bastante ● todos ● nada ● la mitad ● casi todos

1. No queda .... en el plato.

2. Hay .... libros encima de la mesa.

3. .... los alumnos están en clase.

4. Quedan .... de los huevos.

5. .... los chicos están sentados.

6. No hay .... en la caja.

7. Había .... gente en el teatro.

8. .... los días de la semana tengo clase.

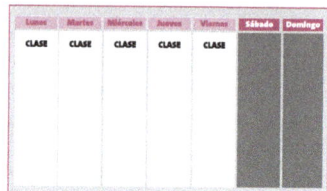

Inventos e inventores

Lección 16

1 Observa estos objetos que utilizas en tu día a día. Puntúa cuáles te parecen más útiles (1); cuáles crees que han cambiado más la vida de las personas (2); sin cuáles no podrías vivir (3).

2 Ahora, elige dos de los objetos anteriores y escribe un texto contestando a las preguntas del ejercicio 1. Indica también cómo han cambiado la vida de las personas.

....

....

....

3 Observa las fotos y escribe un adjetivo para cada una.

> ecológico ● saludable ● importante ● perjudicial ● aburrido ● divertido ● contaminante ● útil

1. ....
2. ....
3. ....
4. ....

5. ....
6. ....
7. ....
8. ....

4 Completa el diálogo con estos adjetivos.

> contaminantes ● aburrido ● inútil ● importante ● saludable
> insignificantes ● útil ● ecológicos ● perjudicial

● Ayer en clase hablamos sobre la situación del medioambiente.

○ ¿Ah, sí? Últimamente, se habla mucho en todos los medios de comunicación.

● Sí. A mucha gente le parece un tema ...., pero a mí me interesa mucho.

○ Sí, es verdad. Yo creo que algunas personas piensan que el cambio climático no es tan .... como los expertos dicen.

● ¡Pero sí que lo es! Y todos tenemos que colaborar porque la situación actual es .... para todo el mundo.

○ Además, todos podemos hacer algo. Pueden parecer cosas ...., sin importancia, pero no lo son, ¡nada es ....!

● ¡Exacto! Podemos comprar productos ...., reciclar, gastar menos agua...

○ Comprar coches eléctricos, que son menos ....

● Todas estas cosas ayudan para que tengamos una vida un poco más ....

○ ¡Cualquier cosa es ....!

5 Lee los siguientes textos sobre inventos. ¿De qué objetos crees que hablan estas personas? Escríbelo.

FORO JÓVENES INVENTOS	🔍 Buscar ▶ f 📷 🐦

Laura_93	Antonio Meucci lo inventó, pero Alexander Graham Bell y Elisha Gray lo fabricaron por primera vez. Los primeros no estaban en las casas y ahora casi todos llevamos uno en el bolsillo. ....
DaniS	Gutenberg la inventó en 1450 en Alemania. Hasta ese momento los libros se copiaban a mano, pero con ella todo fue más fácil y rápido. Su invención fue un gran avance para la difusión de los libros y la prensa escrita. ....
David95	El inglés George Cayley fue el diseñador de los primeros, que no tenían motor. Después de muchos años de evolución y perfeccionamiento, ahora las personas podemos volar «como los pájaros» y desplazarnos a miles de kilómetros de distancia en pocas horas. ....

6 Un objeto que utilizamos habitualmente es la cama, pero ¿qué sabes de ella? Lee el siguiente texto para informarte sobre este invento y responde a las preguntas.

La cama, ¡gran invento!

Qué bien se está tumbado en la cama, y qué bien se duerme encima del colchón. Sin duda, uno de los muebles que más utilizamos, pero ¿sabes cómo llegó a nosotros?
En la historia de la humanidad han existido una serie de inventos importantes que nos han hecho progresar, y uno de ellos es, sin duda, la cama. Sin embargo, su invención no se debe a una sola persona o civilización, sino a una evolución a lo largo de los siglos.
Las primeras camas de la historia eran montones de hierba y hojas secas para hacer más blando el suelo. En el norte de Europa, se hacían agujeros en el suelo y se llenaban con cenizas calientes para producir calor.
Los egipcios fueron los primeros en utilizar camas especialmente preparadas y elevadas. De hecho, algunas eran tan altas que para subirse era necesario usar una escalera. Los nobles las cubrían con cortinas para mantener el calor si el clima era frío y las decoraban con figuras de los dioses protectores. Los griegos inventaron el somier, hecho con tiras de cuero sobre las que colocaban hierba. Los romanos tenían varios tipos de cama: para dormir, para comer, para leer y para los difuntos. Y los persas las adornaban con cojines de pluma de ganso, sábanas de seda y tapices a modo de manta. No será hasta el 3100 a. C. cuando aparecen camas similares a las actuales. Como ves, la historia de la cama es bastante interesante, ¿no crees?

Adaptado de *www.curiosfera-historia.com*

---

1. ¿Qué civilización inventó la cama? ....
2. ¿Cómo eran las primeras camas de la historia? ....
3. ¿Cómo subían los egipcios a sus camas? ....
4. ¿De qué material estaban hechos los primeros somieres? ....
5. ¿Cuántos tipos de cama tenían los romanos? ....

7 Busca información en Internet y continúa la historia de la evolución de la cama explicando los cambios que hubo durante la Edad Media y la Edad Moderna.

Lección 17

1 Completa los comentarios sobre estas personas con el adjetivo adecuado y luego relaciónalos con la foto correspondiente.

> ecologista • tradicional • paciente • creativa • solidaria • tecnológico

1. El mes pasado Ana empezó a trabajar en una ONG. Le encanta ayudar a las personas. Es muy .... ☐

2. Mi hermana siempre dice que no le gustan nada los libros electrónicos y que los prefiere en papel. Para la lectura es muy .... ☐

3. Siempre he sido muy .... Por eso he ido a clases de pintura desde pequeña. ☐

4. El profe de Ciencias dice que quiere hacer un grupo de estudio sobre el medioambiente para visitar los parques de la ciudad. ¡Es el profe más .... del instituto! ☐

5. A Carlos le encanta todo lo relacionado con las nuevas tecnologías e Internet. En clase le llamamos el chico .... ☐

6. No conozco a nadie más .... que mi hermana. ¡Es profesora de niños pequeños! ☐

2 Completa las frases con el verbo en indicativo o subjuntivo.

1. Aunque (inventar) .... el teléfono, era mal estudiante.
2. Aunque (ser) .... muy paciente, se enfadó con su amigo.
3. Aunque no (gustar) .... mucho, saldré a correr por las mañanas.
4. Siempre pasea al perro por las mañanas, aunque (llover) ....
5. Aunque (perder) .... el partido, estaremos contentos por llegar a la final.
6. Somos muy amigos, aunque muchas veces (enfadarse) ....

3 Conjuga los verbos y escribe frases con un elemento de cada columna.

1. Aunque (hacer) .... mucho frío,

2. Aunque mi hermano y yo (discutir) ....

3. Aunque no (gustar, a ti) ....

4. Aunque no (venir) .... ningún coche,

5. Aunque (estar, él) .... enfermo,

6. Aunque no te lo (creer) ....,

7. Aunque (ser) .... más rápido el avión,

8. Aunque el profesor lo (explicar) .... veinte veces,

a. este *jersey* me lo compré
b. vino a clase
c. las nuevas tecnologías,
d. todos los días,
e. seguimos sin entender
f. saldré a dar un paseo
g. no cruces la calle
h. iremos a Bilbao

I. con mis amigos.
II. nos queremos mucho.
III. porque había examen de Biología.
IV. en tren.
V. con el semáforo en rojo.
VI. actualmente son necesarias.
VII. hace 5 años.
VIII. el ejercicio de Matemáticas.

4 Completa las frases con indicativo o subjuntivo.

1. Aunque ...., esta mañana mi madre ha ido a trabajar.
2. Aunque ...., siempre te voy a decir lo que pienso.
3. Aunque ...., iremos a ver el partido de fútbol.
4. Aunque ...., quiero ayudarte.
5. Aunque ...., aprobaré el examen.
6. Aunque ...., Adrián se ha comprado un móvil nuevo.
7. Aunque ...., sigue hablando un perfecto español.
8. Aunque ...., no quiero irme a vivir al extranjero.
9. Aunque ...., lo que has dicho es muy feo.
10. Aunque ...., volveremos a visitarle.

5 Completa el siguiente cuadro con estos adjetivos, adverbios y sustantivos en el lugar adecuado.

mayor ● abogada ● vieja ● enfadado ● buena ● católico ● triste ● rojo ● tarde
ecologista ● morena ● vegano ● enfermo ● budista ● médico

ponerse	hacerse
aspecto:	ideología:
salud:	religión:
ánimo:	profesión:
	edad:
	tiempo:

6 Lee las frases y elige la opción correcta.

1. Ángel estudia mucho. Estoy segura de que *se convertirá/se pondrá* en un gran abogado.
2. El otro día me caí en clase y *me hice/me puse* roja como un tomate de la vergüenza.
3. Mi hermano *se ha hecho/se ha convertido* voluntario en una asociación protectora de animales.
4. *Se puso/Se hizo* muy triste cuando se enteró de que no quedaban entradas para el concierto.
5. Rafa Nadal *se ha convertido/se ha puesto* en uno de los mejores tenistas de la historia.
6. Luis *se ha convertido/se ha hecho* socio de su equipo de fútbol.

7 Observa las fotos y completa las frases con *ponerse*, *hacerse* o *convertirse* en el tiempo y modo adecuados.

1. .... muy contentos porque ganaron el partido de baloncesto.

2. Dentro de unos años .... en una científica importante.

3. .... ecologista porque le gusta mucho la naturaleza.

4. .... enferma por salir a la calle sin el abrigo.

5. .... en mi mejor amigo, nos conocemos desde pequeños.

8 Imagina cómo será tu vida dentro de 10 años y escribe un texto. Utiliza los verbos *ponerse*, *hacerse* y *convertirse*.

....

....

Lección 18

1 Lee la información del cuadro y completa las frases en indicativo o subjuntivo.

PASADO	PRESENTE	FUTURO
a. tener 10 años	d. conseguir mis objetivos	g. llegar a casa
b. ser mayor	e. cumplir 15 años	h. terminar de cenar
c. hacer los deberes	f. cambiar de trabajo	i. ir a la universidad

1. Cuando *tenía 10 años*, jugaba en un equipo de fútbol.
2. Viví en Valencia hasta que mi padre ....
3. Quise tener un gato hasta que ....
4. Cuando ...., preparo la merienda para mi hermano y para mí.
5. Nunca me acuesto hasta que ....
6. Cuando ...., recojo la mesa con mis padres.
7. Cuando ...., pediré la beca Erasmus.
8. Me esforzaré hasta que ....
9. Cuando ...., viajaré por todo el mundo.

2 ¿Qué te sugieren estas imágenes? Escribe frases utilizando las expresiones temporales, como en el ejemplo.

Pasado: Tenemos que facturar la maleta *antes de* pasar el control de pasajeros.
Presente: *Cuando* viajo al extranjero, siempre voy en avión.
Futuro: No volveré a subir a un avión *hasta que* olvide el susto del último viaje.

Pasado:

Presente:

Futuro:

Pasado:

Presente:

Futuro:

Pasado:

Presente:

Futuro:

3 Escribe frases con estos elementos. En algunos casos hay varias posibilidades.

1. Salir, nosotros | antes de | hacerse más tarde.

   ....

2. ¿Ir a otro colegio, vosotros | cuando | ser pequeños?

   ....

3. No irme | hasta que | llegar, mi madre.

   ....

4. Tener que ir a comprar fruta, yo | antes de | cerrar supermercado.

   ....

5. Ver una película, ellos | después de | cenar.

   ....

6. Esperar en casa, ella | hasta que | dejar de llover.

   ....

7. Hacer una excursión, toda la clase | cuando | acabar el curso.

   ....

8. Dormir la siesta, yo | después de |comer.

   ....

4 Lee las cosas que le dicen a Julia sus padres y completa las frases.

3.
Cuando (ser) ....
pequeña, te gustaba ir al
colegio con tus amigas.

4.
Saldrás con tus amigos cuando
(terminar) .... los
deberes del instituto.

5.
No te dejaremos salir hasta
que (ser) ....
más responsable.

2.
No empezaste a andar
hasta que (tener)
.... un año.

6.
Dormirás en casa de
Ana cuando no (tener)
.... clase.

1.
Cuando no (colaborar)
.... en
casa, no habrá paga.

7.
Podrás ir de compras
cuando (recoger)
.... tu
habitación.

5 Completa las frases con el verbo en indicativo o con *que* + subjuntivo.

> Siempre me quedo dormido antes de (terminar) .... la película.

> Antes de (irse, tú) ...., quiero hablar contigo.

> ¿Puedes llevarme al instituto antes de (ir, tú) .... a trabajar?

> Lo entenderás después de (explicar, yo a ti) .... todo.

> Siempre hago la cama después de (ducharse) ....

6 Lee el plan que tiene Marcos para el próximo sábado y luego completa su relato.

El sábado tengo que levantarme temprano, desayunar y vestirme rápido. Tengo que terminar de preparar la mochila antes de que los chicos .... a buscarme para ir a tomar el autobús. Cuando .... al *camping*, montaremos la tienda de campaña. También van a venir Raúl y sus amigos, pero seguro que llegan después de que .... la barbacoa. Por la noche, prepararemos la cena después de .... la ruta de senderismo, y después de .... haremos una fiesta. El domingo nos bañaremos en la piscina antes de .... la última barbacoa. Después de .... recogeremos las tiendas y luego esperaremos hasta que el padre de Iván nos .... a casa de vuelta.

- Desayuno y me visto
- Termino de preparar la mochila
- Los chicos vienen a buscarme
- Tomamos el autobús
- Llegamos al *camping*
- Montamos la tienda de campaña
- Hacemos la barbacoa
- Llegan Raúl y sus amigos
- Hacer la ruta de senderismo
- Preparamos la cena
- Fiesta por la noche
- Desayuno
- Baño en la piscina
- Otra barbacoa
- Recogemos las tiendas
- El padre de Iván nos trae a casa

Transcripciones del libro de clase

Todas las transcripciones del libro del alumno se pueden imprimir y fotocopiar.

Puede descargárselas en *www.edelsa.es*

UNIDAD 0

Pista 1. 1. Comprensión auditiva

¡Hola, Sara! Oye, el próximo *finde* abre el nuevo parque de ocio que estábamos esperando. Dicen que es increíble. ¡Cinco kilómetros de parque para disfrutar! Mis primos y yo pensamos ir, ¿te apetece venir con nosotros?

Este es el plan: haremos escalada en un superrocódromo, ya sabes, esa pared alta. Después, iremos a la zona donde hay una tirolina que tiene 25 metros. ¿Sabes qué es una tirolina? ¡Sí! Esa cuerda larga y metálica que está en un lugar alto. Un monitor te pone unas cuerdas y después desde allí desciendes muy rápido hasta el suelo. Suena bien... ¿eh?

Como queremos pasar allí todo el día, tendremos tiempo para ir a un río a pescar, ¿vale? ¡Que noooo, que es broma... pescar es superaburrido!, pero sí haremos *rafting*. Será genial, bajaremos por el río a toda velocidad.

Luego, por la tarde hay varias opciones. Podemos hacer senderismo, hacer una ruta a caballo o hacer una ruta en bici y hemos pensado hacer la ruta en bici, ¿qué te parece?

También hay una zona para hacer deportes en equipo, podemos jugar al tenis, al baloncesto... Mis primos van a jugar al baloncesto, pero a mí no me gusta, así que yo iré a patinar. También hay un circuito de minigolf superchulo, pero no tenemos tiempo.

Bueno, ahora ya conoces el plan, así que si quieres venir, habla con tus padres y dime algo. Y no te olvides de traer el saco de dormir, dormiremos en un *camping*.

Pista 2. 2. Comprensión auditiva

Álvaro: ¡Hola! Soy Álvaro y me encanta la idea del banco del tiempo. Tengo 15 años y quiero participar. Bueno, a ver. Yo... necesito ayuda con el inglés y el francés porque tengo que aprobar los exámenes de fin de curso. A cambio, me gusta mucho la música y toco varios instrumentos, ¿alguien quiere aprender a tocar la guitarra? Mi *e-mail* es: alvarock15@yahoo.es

María: Wow... Esta idea del banco me parece genial. Yo me apunto. Necesito practicar y hacer muchos ejercicios de Matemáticas, ¡es horrible! No entiendo nada. A cambio hablo bien inglés y puedo enseñarte a bailar zumba, salsa, *funky*... ¿Alguien quiere divertirse un rato bailando o hablando inglés? Os deseo mucha suerte con esta superidea. Ah, sí, mi nombre es María y mi teléfono es 666 04 02 87.

Marina: ¡Hola a todos! Soy Marina, estoy en 1.º de la ESO y quiero participar en vuestro banco del tiempo. Eh... a ver... Yo tengo muy buenas notas en Física y también en Química, ¿alguien necesita ayuda con los ejercicios de clase? Y... quiero aprender a bailar. Me gusta bailar todo. ¿Alguien puede enseñarme? Para contactar conmigo, me podéis escribir a: marinacaracola@gmail.com

UNIDAD 1

Lección 2

Pista 3. 1. Escucha el inicio del programa preferido de Óscar, *Misterios sin resolver*, y marca los adjetivos relacionados con *miedo* y *terror* que escuchas.

Presentadora: Buenos días, amigos y amigas de *Misterios sin resolver*. En el programa de hoy vamos a hablar sobre los ovnis: objetos voladores no identificados. Hoy tenemos con nosotros a Jaime Zaragoza, que el pasado 17 de septiembre vivió un acontecimiento terrorífico cuando iba con su vehículo por la carretera. Adelante, Jaime, puedes contarnos tu emocionante historia...

Jaime: Ho-Ho-Hola, buenos-buenos días... Perdón, es que me pongo un poco tenso al hablar del tema y...

Presentadora: Tranquilo, hombre, tranquilo. Es normal estar un poco nervioso al hablar de esa sorprendente experiencia. Con calma, dinos qué sucedió mientras ibas en tu coche a la oficina.

Pista 4. 2. Después, escucha toda la entrevista y comprueba.

Recuerdo que aquel día llovía y había relámpagos. Iba a trabajar y había un gran atasco. Estuve parado en una kilométrica cola durante mucho tiempo. Como no podía hacer nada, para matar el tiempo saqué mi teléfono móvil para grabar la tormenta.

Siempre estoy en tensión cuando hay tormenta, sin embargo, ese día estaba tranquilo. Pero, de pronto, me asusté al observar en la cámara del teléfono una esfera en el cielo. Solté el teléfono en el asiento del copiloto mientras intentaba volver a ver aquella luz, pero ya no veía nada.

Volví a tomar el teléfono y encendí la radio para saber algo más sobre aquel fenómeno tan sorprendente. Empecé a grabar otra vez y crucé los dedos porque tenía ya poca batería. En ese momento sucedió algo sorprendente, el objeto apareció de nuevo mientras grababa.

Entonces, comenzó a descender hacia mi coche. Yo tenía miedo, terror. Sentía a la vez emoción y preocupación, pero no paré de grabar. De repente, mientras el objeto bajaba, vi una luz muy intensa y aquella cosa desapareció del cielo. No sé si era un ovni o no, pero fue emocionante ver aquello.

Lección 3

Pista 5. 3. Escucha ahora a los autores de las historias anteriores y comprueba tus hipótesis.

1. Todavía hoy no sabemos cómo desapareció tan rápido... En una calle llena de gente vimos una tienda y allí estaba... El juego para la consola con el que habíamos soñado durante meses y que ya habíamos visto desde lejos en otras ocasiones... Entramos rápidamente en la tienda, pero había desaparecido y nadie nos decía nada... ¡Increíble!

2. Estamos muy tristes. Zanco, nuestro perro, no ladró. Tampoco comió nada. Toda la familia estaba muy sorprendida, nunca antes se había comportado así. Cuando nos dimos cuenta, ya se había ido. Desapareció, y hasta hoy no lo hemos vuelto a ver, ¿se lo llevaron los extraterrestres?

3. Mis amigos dormían siempre con miedo. Decían que había unas luces que aparecían en su jardín, que les despertaban, pero cuando se levantaban de la cama ya no estaban... Ya las habían visto en otras ocasiones. Un día se levantaron de la cama asustados, miraron rápidamente por la ventana, pero ya habían desaparecido... El camión de la basura siempre pasaba a la misma hora. ¡Los basureros tenían la culpa!

UNIDAD 2

Pista 6. 2. Escucha y completa los nombres de los elementos de la mesa.

1. jarra; 2. plato; 3. mantel; 4. vaso; 5. servilleta; 6. tenedor; 7. cuchillo; 8. cuchara.

Lección 4

Pista 7. 1. Después, escucha y comprueba.

Hoy en día, la gastronomía no es solo el acto de comer, los sentidos son muy importantes para preparar un buen plato. No solo el sabor, también el olor, la textura o el color están cada vez más presentes en nuestras mesas. Es importante conocer cómo funciona cada sentido para disfrutar de cada plato.

¡Adelante! Usad los 5 sentidos...

- La vista es uno de los primeros sentidos que usamos para ver los colores o la cantidad. Donde ponemos cada alimento es muy importante para que el plato sea más atractivo.

- Con el olfato descubrimos los aromas de los ingredientes. ¿Sabes que el 80 % del sabor viene del olfato? Sirve para aumentar el apetito y para preparar la digestión.

- Con el gusto diferenciamos los cuatro sabores básicos: dulce, salado, amargo y ácido. El equilibrio entre los cuatro es fundamental para que los platos tengan un buen sabor.

- Con el tacto sentimos las diferentes texturas de los alimentos: líquido, blando y duro. Este sentido también sirve para comprobar la temperatura de los alimentos. Nuestras percepciones cambian si un plato está más frío o más caliente.

- El oído es el sentido menos usado en la cocina, pero el sonido de los alimentos al comer también es importante. Por ejemplo, el sonido crujiente de una lechuga nos sirve para saber si está fresca.

UNIDAD 3

Lección 8

Pista 8. 2. Ahora, escucha esta presentación de la feria y comprueba tus respuestas.

¿Sabes qué pueden hacer los robots por ti? Cada día aparecen robots que facilitan un poco más nuestras vidas. Por ejemplo, ¿hace frío y no quieres salir a pasear a tu perro? No te preocupes, existe un dron volador o este sofisticado robot que lo hará por ti.

¿Qué tareas de casa no te gusta hacer: fregar los platos, limpiar el suelo...? Pues ya hay robots diseñados para hacer eso y mucho más, como por ejemplo, cortar el césped. ¿Quieres ver cómo un robot dirige el tráfico? ¡Ven a visitarnos a la IV Feria de robótica para jóvenes y descubre todo lo que pueden hacer! ¡Aunque de momento seguirás haciendo tus deberes! No tenemos nada para eso...

Lección 9

Pista 9. 1. Escucha y comprueba.

La moda de estar en diferentes redes sociales se ha multiplicado en los últimos años. El uso obsesivo del móvil y el ordenador provoca nuevas enfermedades.

WhatsAppitis: La revista *The Lancet* inventó este nombre para hablar del dolor en las manos y en los dedos por escribir en el teléfono durante mucho tiempo. También puede provocar dolor de espalda y cuello.

Depresión de Facebook: Algunas personas pueden tenerla al ver la vida que otros publican en las redes sociales. Además, pueden estar tristes si sus publicaciones no tienen bastantes «me gusta».

Síndrome de Google: A veces no activamos nuestra memoria porque es más fácil y rápido buscar en Internet. Mucha gente olvida datos y tiene problemas de concentración por el uso constante de buscadores.

Nomofobia: El miedo a estar desconectado, no tener el móvil o quedarse sin batería es una de las enfermedades más habituales entre los jóvenes. Preocupación, miedo, malhumor o inseguridad son los síntomas más habituales de esta enfermedad.

Vibración fantasma: La dependencia de los dispositivos electrónicos, las aplicaciones y las redes sociales causan mucho estrés. En casos extremos, podemos notar el teléfono cuando no lo tenemos con nosotros o sentir la necesidad de mirar el móvil aunque nadie nos ha llamado.

UNIDAD 4

Lección 10

Pista 10. 2. Escucha y marca qué ha respondido en cada pregunta. ¿Has respondido tú lo mismo?

Lola: ¡Mateo!, ¿has visto la encuesta de la profe?

Mateo: Sí, claro. ¿Ya la has hecho? ¿Qué has puesto en la pregunta 2?

Lola: Pues, a ver... En la primera he puesto un 1, porque me da rabia que pongan anuncios en el cine antes de una película cuando pagas dinero para entrar. En las otras he puesto un 4, excepto en la última, ahí he puesto un 5, porque me divierte mucho ver anuncios en las carreteras.

Mateo: Sí, a mí también me gustan. ¿Y qué es más importante para ti cuando compras algo? Yo he puesto la marca... Me gustan mucho las marcas. ¡Molan!

Lola: Yo no. Yo he puesto el producto. Para mí es más importante si necesito una cosa o no, ¡aunque lo anuncie Shakira!

Mateo: Pues yo, si lo anuncia Cristiano Ronaldo, lo compro, je, je, je.

Lola: ¡Seguro! En la pregunta 4 he marcado Depende de la época, la opción 3, porque hay momentos del año en los que me gusta saber qué novedades hay, y para eso la publicidad es importante.

Mateo: Sí, es verdad. ¿Y en la 5? Yo, que en general la publicidad es solo útil con algunos productos.

Lola: ¡Yo también! Para gafas de sol, zapatillas y esas cosas...

Mateo: Eso... ¿Y qué has marcado en la última?

Lola: Adivina...

Lección 11

Pista 11. 1. Escucha estos anuncios y relaciona cada uno con la imagen adecuada.

1. Ya está a la venta, puedes comprarlo *on-line* en www.megustaloqueescucho.com. Personal, atrevido y con los mejores ritmos, ¡lo nuevo del cantante de moda! Haz clic... ¡y sé el primero en escucharlo!

2. Más grande, cómoda, actual y con los mejores diseños. ¡Llévatela hoy mismo a clase! Puedes encontrarla en muchos centros comerciales de tu ciudad. ¡No la dejes escapar!

3. Kilómetros y kilómetros de diversión. Tienes muchos colores y modelos. Para todas las edades. Consíguelo ya en tu tienda de deportes más cercana.

4. ¿Te has portado bien? Mereces un buen regalo. Más juegos, más gráficos, más funcional. ¡Pídesela a tus padres por tu cumpleaños! Todos la vais a disfrutar.

5. La naturaleza y tus piernas, una pareja perfecta. Descubre con ella nuevos caminos. ¡Es incansable como tú! Ligera y adaptable en altura. ¡Disfrútala!

Lección 12

Pista 12. 1. Escucha y relaciona cada conversación con la imagen adecuada.

1. A: ¡Qué horror! Me preocupa que todavía hoy haya publicidad sobre la igualdad entre las personas.

   B: Pues sí, a mí me fastidia muchísimo ver anuncios sobre la discriminación en el siglo XXI, pero me gusta que hablen del tema.

2. A: Mira, lo cierto es que me divierte ver este tipo de anuncios. ¡Me da mucha risa!

   B: Pues a mí me molesta que usen imágenes de mujeres para esos anuncios.

3. A: Jo, a mí me da pena que existan estas situaciones. Yo creo que este tipo de anuncios son necesarios.

   B: Es terrible. Me da miedo pensar que esto pueda pasarles también a mis amigos.

4. A: No me gusta nada que abandonen a los animales. Me da igual que sean perros u otros animales. Ellos siempre son fieles a sus dueños.

   B: Tienes razón, a mí me enfada ver que la gente no cuida a los animales.

UNIDAD 5

Lección 13

Pista 13. 4. Escucha la conversación entre Marcelo y Mariluz, ¿quién dice cada cosa?

Marcelo: ¡Hola, Mariluz! ¿Qué haces?

Mariluz: ¡Hola!... Estudiar para el examen del martes... estoy un poco nerviosa...

Marcelo: Pues creo que tengo la solución. No hay nada mejor para relajarnos que pensar en el fin de semana. A ver, ¿qué queremos hacer?

Mariluz: Bueno, no sé, ¿qué propones?

Marcelo: ... como sé que te gusta la música, he visto que hay un concierto superguay de un grupo alternativo.

Mariluz: Umm... no sé, me gusta la música, pero la alternativa no mucho. Prefiero hacer algo diferente. Mi prima me ha dicho que hay una exposición de grafitis, ¿qué te parece? ¡A mí me encantan!

Marcelo: ¿Sí? A mí también me gustan, me parecen superchulos..., pero ya la he visto.

Mariluz: Oh, qué pena.

Marcelo: También podemos ir al circo, hay un espectáculo en...

Mariluz: ¿Circo? No, no, *porfa*. No me gusta nada. Me dan miedo los payasos, así que el circo no.

Marcelo: Vale, bueno, no pasa nada. Otra opción es el festival de cortos que empieza mañana. Es el más importante del año.

Mariluz: ¡Buena elección!

Marcelo: Yo el viernes no puedo ir, pero el sábado perfecto.

Mariluz: Genial, ¡pues el sábado vamos al festival de cortos! ¿Nos vemos mañana en clase de música?

Marcelo: Sí, allí estaré. Hasta mañana.

Lección 14

Pista 14. 5. Escucha al representante de los jóvenes en el Ayuntamiento. Marca en qué orden menciona estos temas.

Los jóvenes de esta ciudad queremos dar las gracias al responsable del Área de Juventud del Ayuntamiento porque este año la programación es increíble. La propuesta cultural es muy variada e interesante. Hay actividades por toda la ciudad, calles, parques, plazas... Además, poder disfrutar de tantas actividades con ofertas y precios reducidos es fantástico para la gente joven.

Sin embargo, queremos pedirle al responsable del Área de Juventud que, por favor, se cuiden mejor las zonas deportivas de la ciudad. Es una pena que muchos campos de fútbol y de baloncesto no se puedan utilizar porque están fatal. Por eso, pedimos que se modernicen para que todos podamos disfrutarlos.

Finalmente queremos agradecer al Ayuntamiento el nuevo sistema para viajar en metro y en autobús. Es genial que los jóvenes tengamos una tarjeta especial más barata. Eso está muy bien, porque así podemos movernos por la ciudad fácilmente. Ah, sí. También queremos decir que nos parece buena idea que haya bicicletas de uso público. Es un transporte barato y limpio.

Gracias a todos.

UNIDAD 6

Lección 16

Pista 15. 2. Escucha a los compañeros de Sonia hablar sobre el invento o descubrimiento más importante para ellos y completa la información.

Estudiante 1: En mi opinión, el descubrimiento más importante de la historia ha sido la electricidad, porque sin ella no funciona ni Internet ni otros objetos, como el teléfono, la lavadora, el coche, etc. La electricidad forma parte de nuestra vida... Este descubrimiento ha ayudado mucho al desarrollo de las ciudades y, por lo tanto, al mundo que conocemos actualmente.

Estudiante 2: Estoy de acuerdo contigo, la electricidad es muy importante, pero pienso que la penicilina es el más importante. Sin ella muchas personas que hoy están sanas, estarían enfermas y morirían. Creo que es un descubrimiento revolucionario para la medicina. Bueno, y también la anestesia, ¿te imaginas ir al dentista y no usar anestesia? Agggg.

Estudiante 3: Pues yo creo que Internet es el más importante de todos, porque permite una comunicación mejor y más rápida entre las personas... Solo con un botón, Internet permite conectar a familias que viven a miles de kilómetros, hacer nuevos amigos en otras partes del mundo, por ejemplo, en China... Con Internet tenemos acceso a muuuuucha información. ¿Te imaginas vivir sin Internet?

Lección 18

Pista 16. 6. Escucha la opinión de Sonia sobre el artículo que ha leído e indica si estas afirmaciones son verdaderas (V) o falsas (F).

Ayer leí un artículo que habla sobre lo rápido que va el mundo hoy en día. Es cierto que hoy todo se mueve a ritmo exprés y creo que es importante pensar en lo positivo que tiene esta inmediatez. Por ejemplo, en el pasado las comunicaciones no eran muy rápidas y pasaba mucho tiempo hasta que llegaban las noticias buenas y malas.

Yo creo que esta rapidez tiene muchas ventajas en temas importantes como la medicina, la ciencia, la investigación, el mundo del trabajo...

Cuando se desarrolló Internet, todo cambió y creo que todo cambiará otra vez y será mejor cuando llegue una nueva revolución de Internet: las comunicaciones serán totalmente diferentes después de que cambie el sistema en el que nos comunicaremos, pero hasta que llegue ese momento, tenemos que disfrutar de las ventajas de este momento en el que vivimos.

Área de Tecnología

Pista 17. 2. ¿En qué año...? Escucha y toma notas.

Ángel: Este juego me parece difícil, ¿eh? A ver... ¿qué inventos tenemos?

Sonia: Pues... tenemos todos estos... empezamos... ¡Dale al buscador!

Ángel: A ver, la televisión se inventó en... ufff, hay muchas fechas, aquí dice que en 1926 se inventa este sistema de comunicación. Mira cómo era la primera tele, enorme, no entraría en nuestras casas, je, je, je.

Sonia: ¡Claro que no!, igual que el primer ordenador. Me parece que se creó en 1937, ¿no? A ver... No, no. Un año antes, es decir, diez años después de la televisión. ¡Qué curioso!

Ángel: ¿Y el teléfono? A ver... El teléfono se inventó hace mucho tiempo ya, pero el móvil es muy joven, 1973. ¡Hala! Mira, era tan grande como una cámara de fotos, je, je, je.

Sonia: Sí, sí, pero ahora la cámara está dentro del teléfono, igual que el sistema de GPS, ¿no? ¿De cuándo es?

Ángel: Ni idea. A ver... aquí dice que el sistema GPS actual es de 1983.

Sofía: ¡Vaya!... ¿Y los libros electrónicos?... ¡Anda! Los inventó una española en 1949. Tienen muchos años, ¿eh?

Ángel: Sí, no veas... pues los CD son los más jóvenes, creo, ¿no? Aquí dice que en 1980 se presentó a la industria el primer CD, aunque seguramente es más antiguo.

Así que el resultado es...

1.ª edición: 2023
2. impresión: 2024

© Edelsa, S.A. Madrid, 2023

© Autora: Rebeca Martínez

Equipo editorial
Coordinación editorial: Mila Bodas
Edición: Pilar Justo
Diseño de cubierta y de interior: Carolina García
Maquetación interior: Ricardo Polo
Corrección: Patricia Sáez Garcerán

Fotografías: 123RF
Agradecimientos: La editorial Edelsa, S. A. agradece a Anaya Infantil y Juvenil la cesión de re-
producción de las cubiertas de la página 6:
Así vivieron en al-Ándalus de J. Greus, Grupo Anaya, S.A., 2009; *Rimas y leyendas* de Gusta-
vo A. Bécquer, Grupo Anaya, S.A., 2016; *Departamento de asuntos mágicos* de D. Hernández
Chambers, Grupo Anaya, S.A., 2020; *Los tejados de París* de Ana Alonso, Grupo Anaya, S.A.,
2023; *El pozo detrás de la puerta* de Josep Sampere, Grupo Anaya, S.A., 2015; *Nata y chocolate* de Alicia Borrás, Grupo Anaya, S.A., 2010.

ISBN: 978-84-9081-794-0
Depósito legal: M-34294-2023

Impreso en España / *Printed in Spain*

PAPEL DE FIBRA
CERTIFICADA